101 NON-FICTION TEST-ORIENTED PASSAGES
WITH GUIDED SUMMARIZATION

저자

김기훈　現 ㈜쎄듀 대표이사

　　　　現 메가스터디 영어영역 대표강사

　　　　前 서울특별시 교육청 외국어 교육정책자문위원회 위원

　　　저서　천일문 〈입문편 · 기본편 · 핵심편 · 완성편〉 / 어법끝 / 문법의 골든룰 101

　　　　　　첫단추 시리즈 〈독해유형편 · 듣기유형편 · 문법어법편〉 / 쎄듀 종합영어 / 절대평가 PLAN A

　　　　　　구문현답 / 유형즉답 / The 리딩플레이어 / 빈칸백서 / 오답백서

　　　　　　어휘끝 / 수고들: 수능날 고사장에 들고가는 단어장

　　　　　　Sense Up! 모의고사 / Power Up! 모의고사

　　　　　　수능실감 EBS 변형 모의고사 등

오혜정　쎄듀 영어교육연구센터장

　　　저서　The 리딩플레이어 〈개념편〉 / 천일문 〈핵심편〉 / 빈칸백서 / 오답백서

　　　　　　수능실감 EBS 변형 모의고사 / 절대평가 PLAN A 〈독해〉 등

　　　디렉팅　천일문 〈입문편 · 기본편 · 완성편〉 / 어휘끝 시리즈 / 어법끝 시리즈

　　　　　　첫단추 모의고사 / Sense Up! 모의고사 / Power Up! 모의고사

　　　　　　쎄듀 종합영어 / 구문현답 / 유형즉답 등

박정애　쎄듀 영어교육연구센터 선임연구원

　　　저서　천일문 〈완성편〉 / 쎄듀 종합영어 / 구문현답 / 어휘끝 5.0

　　　　　　절대평가 PLAN A 〈구문어법〉 / 첫단추 〈듣기유형편〉 / Power Up! 〈듣기〉 등

정희정　쎄듀 영어교육연구센터 연구원

　　　저서　리딩 플랫폼

마케팅	민혜정 · 문병철 · 전유진
영업	공우진 · 문병구
제작	정승호
디자인	윤혜영 · 이연수
삽화	그림숲
영문교열	Eric Scheusner

READING PLATFORM

101 NON-FICTION TEST-ORIENTED PASSAGES
WITH GUIDED SUMMARIZATION

2 / 패턴편

선생님, 학부모님께
드리는 글

✢ 중등 영어독해 시작을 위한 논픽션 읽기에 대하여

한때 우리는 우리 아이들의 '읽는 양'에 주로 포커스를 둔 적이 있습니다. 많이 읽으면 어휘를 많이 알게 되고 유능한 reader가 되며 이는 선순환을 일으켜 읽기를 더 즐기게 되고 더 많이 읽게 될 것이라는 생각이었지요. 그러다 차츰, '무엇을' 읽혀야 하는가에 관심이 옮아가게 되었습니다.

우선 어린 학생들에게는 영어에 친숙해지도록 하는 것이 최우선 과제이기 때문에 흔히 부담 없고 재미있는 동화나 짧은 이야기, 즉 '픽션' 위주로 읽기가 진행됩니다. 이런 글들은 흐름이 복잡하지 않고 대부분 일상생활에 관련된 쉬운 개념의 어휘들이 등장하므로 빠르고 쉽게 읽을 수 있는 장점이 있습니다. 아이들의 호기심과 창의력, 상상력을 키워주는 데에도 도움이 되지요. 문제는, 학년이 높아짐에 따라 상급 학교 진학이나 학업성취도에 직결되는 읽기로의 변화가 필요한데, 여전히 '픽션' 위주로만 읽기를 하는 경우입니다.

우리 아이들이 앞으로 가장 많이 접하고 읽어야 하는 것은 이러한 픽션류가 아닙니다. 교과서나 문제집에 등장하고 각종 시험에 출제되는 거의 대부분의 것은 유익한 정보나 지식, 교훈을 주고 나아가 사고와 통찰의 기회를 제공해주는 '논픽션'류입니다. 성인이 되어서도 접하게 되는 읽기 자료의 90% 이상이 논픽션이라는 조사가 있지요. 논픽션은 정보를 주는 모든 읽기 자료, 즉 신문기사, 뉴스, 안내문, 메뉴판, 위인전, 에세이, 일기, 보고서 등등을 모두 일컫는 말이지만, 이 중에서 특히 학생들이 중점을 두어야 할 논픽션류는 기초 학문에 속하는 비문학(e.g. 인물, 사건, 언어, 의사소통, 역사, 심리, 과학, 환경 등)류입니다.

이러한 비문학 영문은 픽션에 비해 상대적으로 흐름과 구조가 어렵고 쓰이는 어휘가 달라서, 픽션 읽기를 통해 쌓인 실력이 그대로 반영되기 힘듭니다. 서로 간에 차이가 명백히 있기 때문에, 지금까지 픽션 읽기에 치중하였다면 논픽션 읽기를 위한 체계적이고 특별한 학습이 필요합니다. 이러한 준비를 통해서 논픽션 읽기에 자신감을 얻고 읽기 경험을 늘리면 장차 학업에 도움이 되는 배경지식의 확장과 더불어, 학교 쓰기 수행 과제에 요구되는 좋은 글을 구성하는 능력을 키울 수 있습니다.

이를 위하여 본 시리즈는 다음과 같은 특장점을 가지고 구성하였습니다.

1 논픽션을 처음 접하는 아이들을 위하여, 지금까지 접한 픽션과 논픽션의 차이점부터 알기 쉽게 소개합니다.

2 세상에는 꾸며낸 이야기보다 더 놀랍고 신기한 실제 일들이 얼마든지 있을 수 있습니다. 논픽션을 대하는 초기에는 이렇게 재미나 흥미가 있는 내용을 읽을 수 있도록 하였습니다.

3 논픽션 읽기에 필수적인 기초 어휘력을 기르기 위해, 어휘에 대한 우리말 뜻을 제공하는 것 외에도 문맥 안에서 이를 이해하는 것을 돕는 구체적인 방법을 담았습니다.

4 논픽션 학습의 핵심은 무엇보다도 몇 가지 정형화된 글의 구조를 알고 글의 가장 중심이 되는 내용을 빠르고 정확하게 파악하는 것입니다. 이를 효과적으로 학습하기 위해 가장 많이 쓰이면서 단순한 구조부터 조금씩 복잡해지도록 단계적으로 구성하였습니다. 또한 모든 지문에 대한 요약 정리와 중심 내용에 대한 문제로 구성하여, 자연스럽게 글의 구조에 대한 학습이 이루어지도록 하였습니다.

이 외에도, 다양한 서술형 문제와 문법 및 어법 문제 코너를 함께 구성하여 중학교 때부터 본격화될 내신, 수험 영어에 적응할 수 있는 힘을 길러줍니다.

아이들은 원래 픽션에만 관심을 보이는 것이 아니라 과학, 자연, 실제 인물, 신기한 사건을 읽는 것도 좋아합니다. 단, 이를 영문으로 좀 더 수월하게 잘 읽을 수 있도록 하는 데는 체계적인 도움이 필요하지요. 본 시리즈를 통해, 아이들이 논픽션이 제공해주는 정보나 지식을 늘리는 동시에, 놀랍고도 신기한 흥미로운 '현실' 세계를 들여다보는 즐거움을 느끼는 좋은 기회가 되기를 바라 마지않습니다.

저자

이 책의 구성과 특징

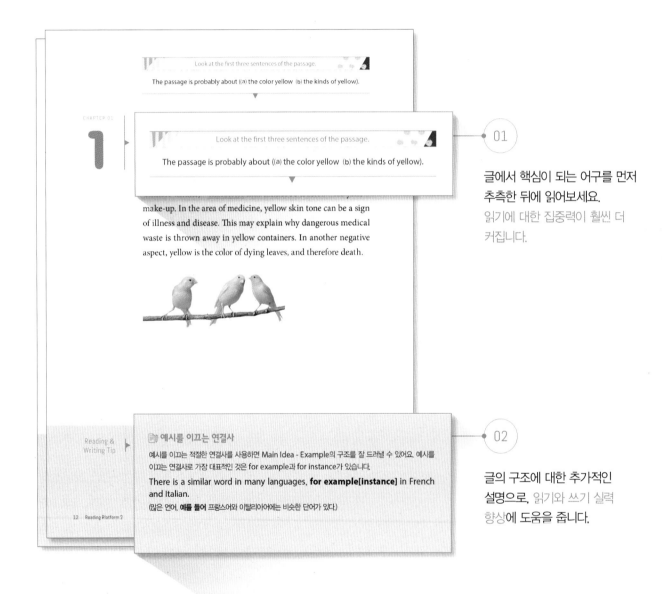

Look at the first three sentences of the passage.

The passage is probably about ((a) the color yellow (b) the kinds of yellow).

Look at the first three sentences of the passage.

The passage is probably about ((a) the color yellow (b) the kinds of yellow).

make-up. In the area of medicine, yellow skin tone can be a sign of illness and disease. This may explain why dangerous medical waste is thrown away in yellow containers. In another negative aspect, yellow is the color of dying leaves, and therefore death.

Reading &
Writing Tip

📖 예시를 이끄는 연결사

예시를 이끄는 적절한 연결사를 사용하면 Main Idea - Example의 구조를 잘 드러낼 수 있어요. 예시를 이끄는 연결사로 가장 대표적인 것은 for example과 for instance가 있습니다.

There is a similar word in many languages, **for example[instance]** in French and Italian.
(많은 언어, **예를 들어** 프랑스어와 이탈리아어에는 비슷한 단어가 있다.)

12　Reading Platform 2

01

글에서 핵심이 되는 어구를 먼저
추측한 뒤에 읽어보세요.
읽기에 대한 집중력이 훨씬 더
커집니다.

02

글의 구조에 대한 추가적인
설명으로, 읽기와 쓰기 실력
향상에 도움을 줍니다.

Getting the BIG PICTURE

03

SUMMARY › 01-03 **Complete the summary by choosing the correct choice for each blank.**

The color yellow has a 01 _____ range of meanings.
Some are positive, others are negative.

Positive meaning	Negative meanings
It is the color of gold, the sun, royalty, and happiness. ↔	In medicine, it's associated with 02 _____ .
	In nature, it's a sign of 03 _____ .

01	(a) wide	(b) similar	(c) limited
02	(a) treatment	(b) health	(c) sickness
03	(a) change	(b) dying	(c) danger

글에서 중요한 내용 흐름을 요약한 뒤 대의 파악 문제를 풀어보는 순서로 되어 있습니다.
빈 곳을 채워나가다 보면 글의 구조와 흐름이 보이고 대의 파악 능력이 자연스럽게 길러집니다.

Focusing on DETAILS

04

VOCABULARY › 05 **Which of the following has the same meaning as "characters" in the paragraph?**

(a) Mr. Bartman was a man of good character.
(b) Who is your favorite character in the book?
(c) How many Chinese characters are there?

대의 파악 문제 외에 독해에 중요한 세부 사항이나 지칭어 파악, 그리고 내신 서술형과 주요 어휘 문제가 출제되어 있습니다.

Which of the following has the same meaning as "characters" in the paragraph?
(a) Mr. Bartman was a man of good character.
(b) Who is your favorite character in the book?
(c) How many Chinese characters are there?

precious 귀중한, 값비싼 life-giving 생명을 주는 positive 긍정적인 (↔ negative 부정적인) royalty 왕권 youth 젊음 weakness 나약함
lack 부족 courage 용기 theater 극장
tone 색조; 어조 sign 징조, 징후 illness 병
thrown) away 버리다 container
with ~와 관련되다 treatment 치료

precious 귀중한, 값비싼 life-giving 생명을 주는 positive 긍정적인 (↔ negative 부정
lack 부족 courage 용기 theater 극장 character 등장인물; 성격; 특징; 글자 trust
tone 색조; 어조 sign 징조, 징후 illness 병 (= disease) medical 의료의, 의학의 cf. m

05

CHAPTER 01 13

본문을 읽으면서 모르는 어휘는 우선 넘어가거나 최대한 의미를 짐작해보세요.
문제를 모두 푼 뒤에는 복습 차원에서 반드시 확인하고 정리해두는 것이 좋습니다.

Contents × ×

Chapter 01   *Example*

Chapter 02   *Q&A / Problem-Solution*

Chapter 03   *Chronological Order / Process*

논픽션 글의 구조 패턴
(Patterns of Organization)은?

잘 쓴 글은 정리 정돈이 잘된 서랍과 같다고 볼 수 있어요.

01 정리 정돈

이것저것으로 뒤엉켜서 무언가를 찾기가 힘든 책상 서랍을 정리한다고 생각해볼까요?

정리를 할 때는 단순히 배열을 가지런히 하는 것이 아니라, 잘 쓰는 물건을 앞에 둔다거나 종류별로 구분을 해두어 무언가를 찾아 쓰기 편하게 하는 것이 보통이지요.

02 대표적인 구조 패턴

글의 경우도 마찬가지예요.

기본적으로 글쓴이는 말하려는 것을 상대방에게 잘 전달해야 하므로 생각나는 대로 마구 글을 쓰는 경우는 없어요.
먼저 생각을 잘 정돈해서 읽는 이가 차근차근 이해하기 쉬운 순서로 전달합니다.

그런데 모든 책상 서랍이 똑같이 정리되는 것이 아니듯이, 글은 다음과 같은 몇 가지 대표적인 구조 패턴으로 나타날 수 있어요.

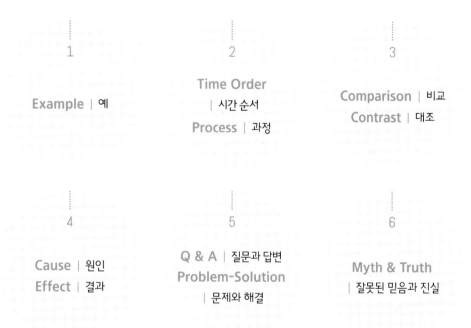

1

Example | 예

2

Time Order
| 시간 순서
Process | 과정

3

Comparison | 비교
Contrast | 대조

4

Cause | 원인
Effect | 결과

5

Q & A | 질문과 답변
Problem-Solution
| 문제와 해결

6

Myth & Truth
| 잘못된 믿음과 진실

읽고 있는 글이 어떤 구조 패턴에 해당하는지를 파악하는 것은 마치 지도를 가지게 된 것과 같아요.
글의 내용 중에서도 가장 중요한 '무엇'이 '어디에' 있는지를 알 수 있게 해준답니다.
글을 제대로 이해하는 데 훨씬 더 유리해지지요.
그럼, 이 구조 패턴들에 대해 하나씩 차례대로 알아볼까요?

Quick Check

Match each word in bold with its meaning.

1

01	positive	a.	버리다
02	youth	b.	긍정적인
03	weakness	c.	용기
04	courage	d.	의학의, 의료의
05	medical	e.	나약함
06	throw away	f.	젊음

2

01	species	a.	~의 균형을 잡다
02	name A after B	b.	B의 이름을 따서 A를 이름 짓다
03	hang from	c.	(알을) 낳다
04	lay	d.	~에 매달리다[걸려 있다]
05	balance	e.	종, 종류

3

01	waste	a.	낭비하다
02	play a part in	b.	찾다
03	search for	c.	관점, 견해
04	view	d.	평범한
05	precious	e.	소중한
06	ordinary	f.	~에서 역할을 하다

4

01	trick	a.	태양계
02	planet	b.	비결, 요령
03	solar system	c.	대회
04	competition	d.	행성

5

01	fool	a.	입어 보다
02	close	b.	속이다, 놀리다
03	imagine	c.	친한, 가까운
04	try on	d.	~에게 잘 어울리다
05	look great[good] on	e.	상상하다, (마음속으로) 그리다

6

01	be attracted to A	a.	A를 B로 간주하다
02	consider A B	b.	포함하다
03	environment	c.	환경
04	prefer to+동사원형	d.	A에게 끌리다
05	include	e.	~하는 것을 선호하다

Chapter 01

Example

무언가를 가장 쉽게 설명하는 건 예를 드는 것이에요.

예를 들어, 어린아이가 '정전기'가 무엇이냐고 물어본다고 합시다.

그러면 아이들도 일상에서 흔히 보는 '정전기 현상',

즉 풍선에 머리카락을 문지르면 달라붙는 것이나 겨울에 스웨터를

벗을 때 불이 번쩍이고 찌릿한 현상 등을 예로 들어주면 '아하!'하고 쉽게 이해를 해요.

이를 그대로 글로 옮기면, 맨 앞에 설명하려는 것(정전기)을 먼저 쓰고

그 뒤에 예(구체적인 정전기 현상들)를 나열하는 식이지요.

Main Idea: 정전기는 우리 주변에서도 흔히 볼 수 있는 현상이다.

Example 1: 풍선을 비비고 머리카락을 대면 달라붙는 현상

Example 2: 겨울에 스웨터를 벗을 때 불이 번쩍이고 찌릿한 현상

본 챕터를 통해, 이러한 글을 좀 더 쉽게 이해할 수 있도록 합시다.

The passage is probably about ((a) the color yellow (b) the kinds of yellow).

Yellow has many different meanings. For example, warm yellow is the color of precious gold and the life-giving sun, which are positive things in every culture. In China, yellow is a symbol of royalty, excellence, youth, happiness, and new life. However, at the same time, it can mean weakness and lack of courage. In Chinese theater, [05] characters that cannot be trusted wear yellow make-up. In the area of medicine, yellow skin tone can be a sign of illness and disease. This may explain why dangerous medical waste is thrown away in yellow containers. In another negative aspect, yellow is the color of dying leaves, and therefore death.

Reading &
Writing Tip

📖 예시를 이끄는 연결사

예시를 이끄는 적절한 연결사를 사용하면 Main Idea - Example의 구조를 잘 드러낼 수 있어요. 예시를 이끄는 연결사로 가장 대표적인 것은 for example과 for instance가 있습니다.

There is a similar word in many languages, **for example[instance]** in French and Italian.
(많은 언어, **예를 들어** 프랑스어와 이탈리아어에는 비슷한 단어가 있다.)

SUMMARY >   01-03   **Complete the summary by choosing the correct choice for each blank.**

The color yellow has a 01 _____ range of meanings.
Some are positive, others are negative.

Positive meaning		Negative meanings
It is the color of gold, the sun, royalty, and happiness.	↔	It's also the color of weakness and dishonesty.
		In medicine, it's associated with 02 _____.
		In nature, it's a sign of 03 _____.

01   (a) wide   (b) similar   (c) limited
02   (a) treatment   (b) health   (c) sickness
03   (a) change   (b) dying   (c) danger

MAIN IDEA >   04   **Which of the following is the writer's main idea?**

① 노란색은 눈에 가장 쉽게 띈다.
② 모든 색은 독특한 의미를 가지고 있다.
③ 문화가 달라도 색이 상징하는 것은 같다.
④ 노란색은 다양한 의미와 상징을 지닌다.
⑤ 노란색은 감정을 불러일으키는 색깔이다.

Focusing on DETAILS

VOCABULARY >   05   **Which of the following has the same meaning as "characters" in the paragraph?**

(a) Mr. Bartman was a man of good character.
(b) Who is your favorite character in the book?
(c) How many Chinese characters are there?

---

precious 귀중한, 값비싼   life-giving 생명을 주는   positive 긍정적인 (↔ negative 부정적인)   royalty 왕권   youth 젊음   weakness 나약함
lack 부족   courage 용기   theater 극장   character 등장인물; 성격; 특징; 글자   trust 신뢰하다, 믿다   make-up 분장, 화장   area 분야, 영역
tone 색조; 어조   sign 징조, 징후   illness 병 (= disease)   medical 의료의, 의학의 cf. medicine 의학; 약(물)   throw ((과거형 threw, 과거분사형
thrown)) away 버리다   container 용기, 그릇   aspect (측)면   **[문제&선택지 어휘]** range 범위   dishonesty 부정직, 속임수   be associated
with ~와 관련되다   treatment 치료

Look at the first three sentences of the passage.

The passage is probably about ((a) birds' nests (b) birds' feathers).

CHAPTER 01

2

Different bird species build different kinds of nests. For example, ovenbirds are named after the oven-like shape of their nests. The ovenbird uses mud to build its nest. Male and female ovenbirds put mud together, and then let the mud dry in the sun. The sun makes the mud hard and strong, like an oven. Weaverbirds build nests that look like baskets with a hole in the middle for a door. Weaverbirds' nests hang from the ends of tree branches and look very pretty. Other birds build nests on the ground, and others make their homes in holes under the ground. And some birds do not build nests at all. The fairy tern lays its eggs right on a branch. It walks very gently on the branch and balances its eggs very carefully so they won't fall.

* ovenbird 휘파람새의 일종 ** weaverbird 멧새의 일종 *** fairy tern 흰제비갈매기

Reading &
Writing Tip

📖 For example[instance]의 앞과 뒤

어떤 단어는 다른 단어보다 조금 더 '구체적'이에요. 앞서 든 예를 다시 볼까요?

There is a similar word in **many languages**, *for example[instance]* in **French and Italian**.

'languages'에 비해, 예시 연결사 뒤에 나온 'French and Italian'은 가리키는 대상이 더욱 명확해요. 이런 것을 구체적이라고 할 수 있답니다. 위의 본문에서도 마찬가지예요.

Different **bird species** build different **kinds of nests**.

For example, **ovenbirds** are named after **the oven-like shape of their nests**.

bird species보다 ovenbirds가 더 구체적이고, kinds of nests보다 the oven-like shape of their nests가 더 구체적이지요.

SUMMARY >   01-03   **Complete the summary by choosing the correct choice for each blank.**

Main Idea: Each bird species has a(n) 01 _____ way of building nests.

↑

	materials	02 _____	places
Example 1: ovenbirds'	mud	oven-like	
Example 2: weaverbirds'		baskets	under tree branches
Example 3: other birds'			on or under the 03 _____
Example 4: fairy terns'	no nests		

01   (a) safe   (b) unique   (c) easy

02   (a) shapes   (b) patterns   (c) parts

03   (a) grass   (b) tree   (c) ground

TITLE >   04   **Which of the following is the best title of the passage?**

① Birds' Nests: Small Miracles

② Different Birds, Different Nests

③ Useful Tips for Watching Birds' Nests

④ The Design and Function of Birds' Nests

⑤ The Most Strangely Beautiful Birds' Nests

DETAIL >   05   이 글에서 설명된 **weaverbirds**의 둥지를 가장 잘 나타낸 것은?

(a)   (b)   (c)

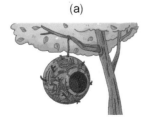
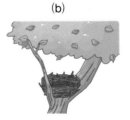
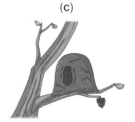

---

species 종(種), 종류   nest 둥지   name A after B B의 이름을 따서 A를 이름 짓다   shape 모양, 형태   mud 진흙   hole 구멍   hang from ~에 매달리다[걸려 있다]   branch 나뭇가지   ground 땅   lay ((과거·과거분사형 laid)) (알을) 낳다   gently 사뿐히, 부드럽게   balance 균형을 잡다

The passage is probably about ((a) our work (b) what we see).

CHAPTER 01

3

We see what we want to see. For example, a reporter met two workers on a building site. She asked the first worker, "What are you doing?" He said, "I work like a slave. I don't get paid enough money. Every day I just waste my time, placing one brick on top of another." The reporter asked the second worker the same question. "I'm the luckiest man in the world," said the second worker. "I get to play a part in creating buildings that are important and beautiful." Both men were right. If you search for ugly and bad things, you'll find them everywhere. It's just as true that you can choose to see amazing things everywhere, like the second worker. He looks at his bricks and sees the beautiful buildings they make. Life is precious and amazing if you choose to see it that way. When you change your view, you can find a(n) [06] _____ in the ordinary and small things in life.

SUMMARY >   01-04   **Complete the summary by choosing (a)~(d) for each blank.**

We see what we want to see.

→ Example: Two workers see 01 _____ things in the

02 _____ job.

One sees the 03 _____ parts of the job.

The other sees the good.

→ It's the same with all of life. A 04 _____ attitude changes everything.

┌보기┐

| (a) same | (b) different | (c) bad | (d) positive |

PROVERB >   05   **Which of the following is closest in meaning to the writer's main point?**

① Seeing is believing.

② Look on the bright side.

③ Haste makes waste.

④ Look before you leap.

⑤ Hard work never hurts anybody.

Focusing on DETAILS

DETAIL >   06   **Which of the following best fits in the blank?**

① very good idea

② pretty easy way

③ certain old truth

④ whole new meaning

⑤ exactly same result

reporter 기자   site 현장   slave 노예   waste 낭비하다   place 놓다, 두다   brick 벽돌   play a part in ~에서 역할을 하다   search for 찾다
amazing 놀라운   precious 소중한   view 관점, 견해   ordinary 평범한   **[문제&선택지 어휘]** attitude 태도, 자세   haste 서두름, 급함   leap 뛰다,
뛰어오르다   pretty 매우; 예쁜   certain 어떤; 확실한   whole 완전히

Look at the first three sentences of the passage.

The passage is probably about ((a) a memory trick (b) useful words).

4

One memory trick, called a mnemonic, is very useful. It's a sentence made of words that begin with the same letters as the things you need to remember. Until 2006, you could have used My Very Excellent Mother Just Sent Us Nine Pizzas (Mercury, Venus, Earth, Mars, Jupiter, Saturn, Uranus, Neptune, Pluto). But then, the International Astronomical Union decided that Pluto is only a dwarf planet. Ceres and Eris are dwarf planets in our solar system too. A magazine, *National Geographic*, held a competition to find a new mnemonic including [06] <u>them</u> as well. Ten-year-old Maryn Smith made this: My Very Exciting Magic

Carpet Just Sailed Under Nine Palace Elephants (Mercury, Venus, Earth, Mars, Ceres, Jupiter, Saturn, Uranus, Neptune, Pluto, Eris).

* mnemonic 니모닉(기억술)
** the International Astronomical Union 국제천문연맹

📖 **예시를 이끄는 연결사의 생략**

때로는 For example 등의 연결사가 나타나 있지 않는 경우도 있어요. 뒤따르는 내용이 누가 보더라도 앞의 내용에 대한 구체적인 예시일 때는 굳이 연결사를 쓰지 않아도 충분히 이해가 되기 때문이지요. 본문에서도 예시를 이끄는 연결사가 생략되어 있어요.

One memory trick, called a mnemonic, is very useful. It's a sentence made of
→ **mnemonic**의 뜻
words that begin with the same letters as the things you need to remember.

(**For example[instance]**,) Until 2006, you could have used My Very Excellent
→ **mnemonic**의 예시
Mother ~

SUMMARY > 01-04 **Complete the summary by choosing the correct choice for each blank.**

Mnemonics are 01 _____ for remembering things.

|

(**They** can be made with the 02 _____ letters from a list of objects.)

→ Example 1: When Pluto was one of nine planets in our Solar System, we could 03 _____ a mnemonic about pizzas.

Example 2: There's a new mnemonic that 04 _____ Pluto and two other dwarf planets.

01 (a) helpful (b) difficult
02 (a) important (b) first
03 (a) forget (b) use
04 (a) changes (b) includes

TITLE > 05 **Which of the following is the best title of the passage?**

① How to Solve Difficult Riddles

② The New Order of the Planets

③ How Many Planets Are in the Solar System?

④ The Characteristics of the Planets in the Universe

⑤ A Good Way to Remember the Order of the Planets

Focusing on DETAILS

REFERENCE > 06 **What does the underlined them refer to? List all.**

trick 비결, 요령   Mercury 수성   Venus 금성   Mars 화성   Jupiter 목성   Saturn 토성   Uranus 천왕성   Neptune 해왕성   Pluto 명왕성
planet 행성   Ceres ((천문)) 케레스   Eris ((천문)) 에리스   solar system 태양계   competition 대회   [선택지 어휘] solve (문제를) 풀다   riddle
수수께끼   characteristic 특징

The passage is probably about ((a) communication (b) asking someone's weight).

CHAPTER 01

5

What should you say if someone asks you, "Do I look fat?" People who ask this question want to be told they look nice. They are saying to you, "Please help me to feel good about myself." Sometimes, they don't even ask a question. 05 _____, they may just say, "Oh my God! I look so fat!" Other times, they may start saying to you, "I want to hear what you really think." But don't be fooled! 06 What you really think is not what they want to hear. It's especially important to be careful with close friends. And even when it is okay to say what you really think, you should say it as nicely as you can. For example, imagine that you are shopping with a friend. She tries on different skirts and asks you what you think. Do say, "The green one looks great on you." Do not say, "Your hips and legs are too fat for the blue skirt."

Getting the BIG PICTURE

SUMMARY >   01-03   **Complete the summary by choosing the correct choice for each blank.**

> People sometimes ask us about how they 01 _____.
> They do this because they want to 02 _____.
> We should always answer as 03 _____ as possible, especially with friends.
> **Example:** Your friend tries on a blue skirt that looks fat on her.
> You say, "The green one looks great on you."

01   (a) feel   (b) sound   (c) look
02   (a) feel better   (b) lose weight   (c) change styles
03   (a) quickly   (b) politely   (c) creatively

MAIN IDEA >   04   **Which of the following best fits in the blank in the sentence below?**

> You don't need to be _____ when your friends ask you about their looks.

① quiet   ② polite   ③ honest
④ worried   ⑤ afraid

Focusing on DETAILS

DETAIL >   05   **Which of the following best fits in the blank?**

① Moreover   ② Therefore   ③ In short
④ In other words   ⑤ Instead

내신서술형 >   06   **밑줄 친 부분을 우리말로 해석하시오.**

---

fool 속이다, 놀리다   especially 특히   careful 조심하는, 주의 깊은   close 친한, 가까운   imagine 상상하다, (마음속으로) 그리다   try on 입어 보다
look great[good] on ~에게 잘 어울리다   hip 엉덩이   **[선택지 어휘]** polite 예의 바른

Look at the first two sentences of the passage.

The passage is probably about the fact that similar people ((a) attract each other (b) become greenies).

CHAPTER 01

We're often attracted to people who think the same way we do. If you consider yourself a greenie and the environment is important to you, you'll probably be attracted to other greenies, and prefer to go on a "green date", too. A green date is a good way to get to know someone and help the Earth. ①Instead of seeing a movie, go biking, or hiking. ②You'll get to know the girl or boy better this way than sitting in a movie theater. ③Sitting [07] close to your partner in a movie theater can be very

romantic. ④Want to wear something special for the date? ⑤Go to a second-hand store instead of shopping at the mall. What about a second date? Surprise your green partner with a well-planned date that includes a train or bus ride to a picnic, and a nature walk in the sunset!

* greenie 환경보호론자

📑 흐름과 관계없는 문장

독자에게 내용을 잘 전달하기 위해서 글은 언제나 하고자 하는 말에서 벗어나서는 안 된답니다. 말이 계속 바뀌고 일관되지 않은 글은 좋은 글이라고 할 수 없겠죠? 수능에서 '글의 흐름과 관계없는 문장'을 묻는 문제가 출제되는 이유도 바로 이런 점 때문이에요.

본문 문제를 통해 좀 더 알아보도록 합시다. (→ 05. Detail)

SUMMARY >   01-03   **Complete the summary by choosing the correct choice for each blank.**

People usually date others who are 01 _____.

↑

For example, greenies like to date other greenies, **a green date**.

→ Example 1: Planning an active, 02 _____ date

Example 2: Buying 03 _____ clothes for the environment

Example 3: Going to a picnic by public transportation for a good second date

01   (a) greenies   (b) similar   (c) thoughtful
02   (a) friendly   (b) outdoor   (c) popular
03   (a) new   (b) pretty   (c) used

PROVERB >   04   **Which of the following is closest in meaning to the writer's main point?**

① 무소식이 희소식이다.

② 엎질러진 물은 소용이 없다.

③ 몸에 좋은 약은 입에 쓰다.

④ 같은 무리끼리 서로 사귄다.

⑤ 남의 떡이 커 보인다.

Focusing on DETAILS

DETAIL >   05   **이 글의 ①~⑤ 중 글의 흐름과 관계 없는 문장은?**

①   ②   ③   ④   ⑤

DETAIL >   06   **Which of the following about a green date is NOT mentioned in the passage?**

① 자전거 타기   ② 하이킹하기   ③ 꽃을 길러 선물하기

④ 기차 타고 소풍 가기   ⑤ 일몰 보며 산책하기

VOCABULARY >   07   **Which of the following has the same meaning as "close" in the paragraph?**

(a) She closed her eyes.

(b) Close the door quietly.

(c) She moved close to him.

---

be attracted to A A에게 끌리다   consider A B A를 B로 간주하다   environment 환경   prefer to+동사원형 ~하는 것을 선호하다   the Earth 지구   instead of ~ 대신에   go -ing ~하러 가다   romantic 낭만적인   second-hand 중고의   include 포함하다   sunset 해 질 녘, 일몰, 석양   cf. sunrise 동틀 녘, 일출   **[선택지 어휘]** thoughtful 사려 깊은; 생각에 잠긴   used 중고의

| 01-04 | 다음 각 네모 안에서 어법에 맞는 표현으로 가장 적절한 것을 고르시오.

01   In the area of medicine, yellow skin tone can be a sign of illness and disease. This may explain where / why dangerous medical waste is thrown away in yellow containers.

02   Male and female ovenbirds put mud together, and then let the mud dry / drying in the sun.

03   One of the workers on a building site said, "I get to play a part in creating buildings that / what are important and beautiful."

04   It's especially important to be / being careful with close friends when they ask you what you really think.

| 05-09 | 다음 밑줄 친 부분이 어법상 올바르면 ○, 어색하면 ×로 표시하고 바르게 고치시오.

05   In China, yellow is a symbol of royalty, excellence, youth, <u>happy</u>, and new life.

06   Weaverbirds' nests hang from the ends of tree branches and look very <u>pretty</u>.

07   The fairy tern lays <u>their</u> eggs right on a branch.

08   If you search for ugly and bad things, you'll find them everywhere. It's just as true that you can choose to see <u>amazed</u> things everywhere.

09   You'll get to know a girl or boy <u>better</u> by going biking or hiking than by sitting in a movie theater.

| 10-11 | 다음 중 빈칸에 알맞은 말을 고르시오.

10   A reporter met two workers on a building site and asked one of them, "What are you doing?" He said, "I'm the _____ man in the world."

    ① lucky   ② luckier   ③ luckily   ④ luckiest   ⑤ most lucky

11   People _____ ask this question, "Do I look fat?", want to be told they look nice.

    ① what   ② whom   ③ who   ④ whose   ⑤ which

Real ENGLISH

이 지역은 피해가세요!

Caution
주의!

조심하라고 알려주는 표지판이에요.
이 외에도 Warning(경고), Danger(위험) 등의
표지판을 본다면 반드시 주의를 기울이도록
하세요!

Hard Hat Area
헬멧 착용 구역

Hard Hat은 딱딱한 모자, 즉 '헬멧'을 말해
요. 낙하물이 머리로 떨어지면 위험하니
헬멧을 착용하라고 알려주고 있어요.

Quick Check

Match each word in bold with its meaning.

1

01	successful	a. 성공하다, 잘하다
02	do well	b. 낮추다, 내리다
03	focus on	c. 호감이 가는, 마음에 드는
04	catch	d. 알아채다
05	lower	e. ~에 집중하다
06	likeable	f. 성공한

2

01	psychologist	a. ~하려고 노력하다, 애쓰다
02	owner	b. 침착한, 평온한
03	try to+동사원형	c. 심리학자
04	calm	d. 주인, 소유자

3

01	turn down	a. 대화
02	unnecessary	b. 편안한
03	conversation	c. 불필요한
04	relaxing	d. ~에 집중하다
05	focus on	e. (소리를) 줄이다; 거절하다

4

01	ancient	a. 환상적인
02	damage	b. 사회
03	society	c. A를 B로 바꾸다
04	turn A into B	d. 고대의
05	fantastic	e. 손상, 손해

5

01	kick	a. (음식을) 굽다
02	replace A with B	b. 버리다, 그만하다
03	take a walk	c. A를 B로 바꾸다
04	bake	d. A가 ~하지 못하게 하다
05	stop A from+-ing	e. 산책하다

6

01	ability	a. 계산하다
02	connect to A	b. 곱하다
03	multiply	c. 능력
04	develop	d. A와 연관되다
05	calculate	e. 수학의, 수리적인
06	mathematical	f. 개발하다

Chapter 02

Q&A / Problem-Solution

글쓴이는 본인이 강조하고 싶은 것을 전달하기 위해
질문-답변, 문제-해결책의 구성으로 글을 전개하는 경우가 있어요.
문제와 질문 부분을 통해서는 그 글이 무엇을 '소재'로
하고 있는지 알 수 있고, 글쓴이가 말하려는 중요한 것은
해결책과 답변 부분에 담겨 있어요.

The passage is probably about ((a) changing our attitude (b) negative feelings).

CHAPTER 02

1

How can you learn to be less critical? It's easy. When you think something or someone is wrong or bad and you express your opinion, you are being 'critical.' Some of us are too critical of many things. We're critical of our family, our school, and our teachers. We're critical of successful people, and critical of those who don't do very well in life. It's a bad habit. Especially, it can make other people feel bad. So, begin by focusing more on what you think and what you say. Listen to your words and watch your actions. Then, you'll begin to catch yourself when you're

being too critical. When you find your thoughts becoming critical, just shut them off and think a kinder thought. Whenever you lower the level of your criticism, you'll experience a higher level of good feelings. [05]_____, you will become a more open-minded and likeable human being.

Reading & Writing Tip

📑 **Question-Answer 전개 순서**

질문은 글의 첫 부분에 나오는 경우가 많아요. 질문에는 글이 어떤 내용에 대해 이야기할 것인지가 잘 드러나 있어요. 그리고 이 질문에 대한 대답이 글에서 가장 중요한 부분일 가능성이 높답니다. 답 이외의 부분은 '질문'이나 '답변'에 대한 보충설명이에요.

Question
↑   ↑

보충설명

Answer
↑   ↑

보충설명

Getting the BIG PICTURE

SUMMARY >   01-03   **Complete the summary by using the words and phrases in the passage.**

Question: What are the ways to be less critical?

↑

01   Some people are too critical of many things, which is a bad
_____. It can make others _____ bad.

|

02   **Answer:** When your thinking and saying are too _____,
change them to nicer ones.

↑

03   You'll become a better _____.

MAIN IDEA >   04   **이 글에서 필자가 말하고자 하는 바로 가장 적절한 것은?**

① 비판적 태도를 줄이자.
② 편견 없이 사람을 대하자.
③ 자신의 주장을 굽힐 줄 알아야 한다.
④ 성공한 사람들의 생활방식을 배우자.
⑤ 다른 사람의 약점을 공격해서는 안 된다.

Focusing on DETAILS

DETAIL >   05   **Which of the following best fits in the blank?**

① Also   ② By the way   ③ Above all
④ However   ⑤ For example

VOCABULARY >   06   **Complete the sentence.**

If you are critical, you _____.

(a) try to be perfect all the time
(b) praise either yourself or others
(c) talk about someone's or something's faults

---

critical 비판적인 *cf.* criticism 비판, 비평   opinion 의견   successful 성공한   do well 성공하다, 잘하다   especially 특히   focus on ~에 집중
하다   action 행동   catch 알아채다   shut off 막다; 닫다   whenever ~할 때마다   lower 낮추다, 내리다   level 정도, 수준   open-minded 포
용력 있는; 편견 없는   likeable 호감이 가는, 마음에 드는

The passage is probably about ((a) bad feelings (b) helping animals).

CHAPTER 02

2

Some people have problems with their feelings. These people can get help from a psychologist. A psychologist is someone who studies the human mind. But what happens when cats and dogs have problems with their feelings? Can they get help too? The answer is yes. There are special psychologists for animals. They are called 'pet psychologists.' Usually, [05] pet psychologists help with a pet's angry behavior. To change a pet's angry behavior, pet psychologists give homework to the owners. [06]____ⓐ____, owners should try to be calm and walk ahead of their dogs. These actions tell the dog, "I am your boss." [06]____ⓑ____, pet psychologists use drugs to help dogs and cats, just like doctors do when they help people.

Reading &
Writing Tip

📑 **Question-Answer 전개 순서**

질문하는 문장을 통해 글이 어떤 내용을 다룰지 대충 알 수 있다고 했지요? 그런데 질문으로 글을 시작하기에 너무 급작스러운 경우, 질문 앞에 다른 문장이 먼저 올 수도 있어요. 언제나 질문이 글의 맨 앞에 오는 것은 아니랍니다.

도입 설명
Question / Problem

Answer / Solution

보충설명(how, example)

Getting the BIG PICTURE

SUMMARY > 01-03 **Complete the summary by using the words and phrases in the passage.**

> Psychologists help people who have problems with their feelings.
>
> Question: Can we help animals having the same problem?
>
> |
>
> Answer: 01 _____ can help these animals.
>
> ↑
>
> Example: They can change a pet's angry behavior.
> They can get help from 02 _____ or use
> 03 _____.

MAIN IDEA > 04 **What is the main idea of the passage?**

① Pet owners are similar to doctors.
② Pets have bad feelings because of bad owners.
③ Pet psychologists cure pets' bad feelings.
④ Animals have feelings just like humans.
⑤ Drugs are not the best form of treatment.

Focusing on DETAILS

DETAIL > 05 **다음 중 밑줄 친 pet psychologists가 하는 일로 언급되지 않은 것을 모두 고르시오.**

① 사나운 애완동물을 치료한다.
② 애완동물 주인의 심리 상담을 한다.
③ 애완동물의 주인에게 과제를 내준다.
④ 치료 기간 동안 애완동물을 맡아준다.
⑤ 애완동물에게 약을 사용하기도 한다.

DETAIL > 06 **빈칸 ⓐ, ⓑ에 알맞은 연결사를 |보기|에서 찾아 그 기호를 쓰시오.**

| 보기 |
| (a) However   (b) In addition   (c) Therefore   (d) For example |

ⓐ:
ⓑ:

---

psychologist 심리학자   pet 애완동물   owner 주인, 소유자   try to+동사원형 ~하려고 노력하다, 애쓰다   calm 침착한, 평온한   ahead of ~ 앞에
boss 지배자; 상사, 윗사람   drug 약

CHAPTER 02

3

Would you like to [05] <u>turn down</u> the noise of daily life for a little while? You could start by not talking for a whole day. It can be a break from unimportant and unnecessary conversations. Choose a day when you don't have to speak at school or work. Sunday is usually a good choice. Let friends and family know that you will be very quiet. Ask them to help you be [06] _____ for the day. Find a relaxing place and spend the day there. Focus on sounds that you usually can't hear, such as birds singing or wind blowing. Or do anything you like, as long as you don't speak. But no watching TV or listening to music or surfing the Internet! You'll find that you choose your words more carefully when you begin talking again the next day.

Reading &
Writing Tip

📑 Problem-Solution 전개 순서

문제점을 제시하는 글은 대개 문제–해결책–보충설명의 순으로 이어져요. '문제'는 '질문' 형태로 표현될 수도 있어요. 역시 해결책이 글에서 말하고자 하는 핵심에 해당하겠죠? 보충설명으로는 '해결책'에 대한 구체적인 방법(how)이나 예시(example)가 오는 경우가 많아요.

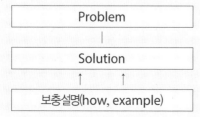

Getting the BIG PICTURE

SUMMARY > 01-03 **Complete the summary by choosing the correct choice for each blank.**

Problem: There is daily noise we'd like to 01 _____.

Solution: Spend a day in a relaxing place without 02 _____ anything.

How: Choose a good day, tell friends and family, 03 _____ electronics, and listen for sounds you don't usually hear.

01   (a) reduce   (b) find   (c) use

02   (a) reading   (b) saying   (c) eating

03   (a) buy   (b) use   (c) avoid

TITLE > 04 **Which of the following is the best title of the passage?**

① Relaxing in Nature
② The Best Day of the Week
③ The Harm of Watching TV
④ A Day without Any Sound
⑤ How to Make a Speech in Public

Focusing on DETAILS

VOCABULARY > 05 **Which of the following has the same meaning as "turn down" in the paragraph?**

(a) Would you please turn down the TV a little?
(b) Why did she turn down your invitation?

DETAIL > 06 **Which of the following best fits in the blank?**

① honest   ② active   ③ better
④ successful   ⑤ silent

---

turn down (소리를) 줄이다; 거절하다   for a while 잠시   break 휴식   unimportant 중요하지 않은   unnecessary 불필요한   conversation 대화   relaxing 편안한   focus on ~에 집중하다   as long as ~하는 한   [선택지 어휘] silent 조용한

The passage is probably about ((a) Trajan's Column (b) a Roman emperor).

CHAPTER 02

4

Trajan's Column in Rome, Italy, was built in A.D. 113. Thirty meters tall, it was built to remember the victories of the Roman emperor named Trajan. It was painted many bright colors, but the weather changed the colors to white long ago. Ancient Roman buildings can't be repainted, because modern paints can cause damage. So, some scientists had a great idea. It was to paint Trajan's Column using light. Archaeologists, who study ancient society, liked the scientists' idea. So, in 2009, Trajan's

Column was 'painted' for the second time in history. You may have seen a projector send beams of light to a white screen. Just like that, the light turned a white building into a colorful one. At last, people saw Trajan's Column in color, and it was fantastic. But the colors can be seen only at night.

* column 기둥 ** Roman emperor 로마 황제

Getting the BIG PICTURE

SUMMARY >   01-03   **Complete the summary by choosing the correct choice for each blank.**

Trajan's Column was built in Rome many years ago.

Problem: The Column 01 _____ its color, but modern paint can

02 _____ .

|

Solution: Scientists had an idea to color the Column with 03 _____ .

01   (a) lost   (b) showed   (c) picked
02   (a) look dirty   (b) take time   (c) cause damage
03   (a) soft brushes (b) lights   (c) certain paints

TITLE >   04   **Which of the following is the best title of the passage?**

① A Historical Building in Rome
② Bringing Trajan's Column Back to Life
③ The Memory of the Roman Emperor
④ Why Roman Buildings Can't Be Painted
⑤ How Archaeologists and Scientists Work Together

Focusing on DETAILS

DETAIL >   05   **Which of the following about Trajan's Column are NOT mentioned in the passage? Choose all that apply.**

① 로마 황제의 이름을 따왔다.
② 로마인들이 하얀색으로 칠했다.
③ 최근 새로 페인트칠을 마쳤다.
④ 색이 있는 조명이 설치되었다.
⑤ 복원된 색은 밤에만 볼 수 있다.

VOCABULARY >   06   **본문에서 Archaeologists 의 정의를 찾아 밑줄 긋고, 다음 중 알맞은 뜻을 고르시오.**

(a) 과학자   (b) 고고학자   (c) 사회학자

victory 승리   ancient 고대의   repaint 다시 칠하다   damage 손상, 손해   archaeologist 고고학자   society 사회   projector 프로젝터, 영
사기   beam 광선   turn A into B A를 B로 바꾸다   fantastic 환상적인

Look at the two questions in the passage.

The passage is probably about spending money ((a) more (b) less).

CHAPTER 02

5

Do you too quickly spend all the money your parents give you? Do you always spend more money than you wanted to? To kick the habit, just replace the bad activity with a good one. Make a list of good things to do. Then, the next time you want to go shopping, you can do something better. [05] _____, take a walk, visit a friend, go to the library, bake a cake — anything to stop yourself from shopping. At first, you may find it hard. You might think life is better while you are shopping. But a wonderful feeling of freedom comes from knowing that you don't have to buy things. Another idea is the 'buddy' system.

Ask a buddy to help you stop yourself from buying things you really don't need. Soon, you will find it becomes easier and easier to be free.

Reading &
Writing Tip

📑 Problem-Solution 전개 순서

문제에 대한 해결책은 여러 가지가 나올 수 있어요. '첫째, 둘째'와 같은 방식으로 나열될 수도 있고, '하나는, 또 다른 하나' 같은 표현과 함께 나올 수도 있고요. 해결책 뒤에 자세한 보충설명이 반드시 이어지지는 않으니까, 문장이 해결책인지 보충설명인지 구분할 필요가 있답니다.

Problem	
Solution1	Solution2
(보충설명)	(보충설명)

Getting the BIG PICTURE

SUMMARY >   01-03   **Complete the summary by choosing the correct choice for each blank.**

Problem: You spend money quickly and more than you wanted to.

Solution 1: We can 01 _____ the habit to a good activity.

Solution 2: Get help from a friend to stop buying 03 _____ things.

Example: Instead of shopping, do something 02 _____.

01   (a) limit   (b) link   (c) change
02   (a) similar   (b) better   (c) for others
03   (a) unnecessary (b) new   (c) expensive

TOPIC >   04   **Which of the following is the best topic of the passage?**

① why it feels good to shop
② cheap and healthy activities
③ a good way to spend money
④ where bad habits come from
⑤ how to change your spending habits

Focusing on DETAILS

DETAIL >   05   **Which of the following best fits in the blank?**

① Also   ② Next   ③ Instead   ④ Similarly   ⑤ For example

DETAIL >   06   **Which of the following about how to kick the habit are mentioned in the passage? Choose all that apply.**

① 쇼핑을 하기 전에 필요한 목록을 작성한다.
② 쇼핑 대신 할 수 있는 일들을 찾는다.
③ 용돈 기입장을 쓰는 습관을 갖는다.
④ 친구들에게 도움을 요청한다.
⑤ 정해놓은 시간 동안만 쇼핑을 한다.

---

kick 버리다, 그만하다   replace A with B A를 B로 바꾸다   make a list 목록을 작성하다   the next time ((접속사적으로 쓰여)) 다음에 ~할 때에
take a walk 산책하다   bake (음식을) 굽다   stop A from+-ing A가 ~하지 못하게 하다   freedom 해방   buddy 친구, 동료
[선택지 어휘] similarly 비슷하게, 유사하게

Look at the first three sentences of the passage.

The passage is probably about ((a) learning math (b) abilities of humans).

CHAPTER 02

Do you like math? All human beings are born with basic math-related abilities. But many students hate math class. "One reason students lose interest in math is that it doesn't seem to connect to their lives or interests," says Cynthia Nicol, a math teacher. To help her Grade 5 students learn how to multiply numbers of 10 or higher, Ms. Nicol decided to use a role-playing game in her [05] lessons. In the game she developed, a game character is learning to make swords. Each sword your character makes is worth 12 points. You need to calculate the points by multiplying the number of swords you made by 12. If your answer is right, you can go to the next level. Her students loved [06] it. As mathematical skills need regular practice to

master, this kind of game can help students to solve many math problems while having fun. Students' interests, games, and math. If we put them all together, math becomes more fun.

Reading & Writing Tip

📝 **Problem-Solution 전개 순서**

문제–보충설명–해결책의 순서로 글이 이어지는 경우도 있어요. 해결책이 글을 마무리하기에 좋은 내용일 때는 마지막에 올 수도 있는 거죠. 본문의 글이 이러한 경우랍니다.

Problem

|
| 보충설명 |

↓

| Solution |

SUMMARY >   01-03   **Complete the summary by choosing the correct choice for each blank.**

> Humans are born with math-related abilities.
>
> **Problem:** Many students 01 _____ the subject.
>
> |
>
> **Example:** To help, a teacher made a 02 _____.
> It's 03 _____ for students and helps them learn.
>
> ↓
>
> **Solution:** Make students get more interested in math.

01   (a) choose   (b) like   (c) hate

02   (a) math game   (b) sword   (c) point

03   (a) difficult   (b) fun   (c) important

TITLE >   04   **Which of the following is the best title of the passage?**

① The Advantage of Online Games
② A Fun Way to Learn Math
③ Why Do We Hate Math?
④ Human Mathematical Abilities
⑤ How to Play Games Well

VOCABULARY >   05   **Which of the following has the same meaning as "lesson" in the paragraph?**

(a) Our first lesson on Tuesdays is French.
(b) The accident taught me a lesson I'll never forget.

REFERENCE >   06   **다음 중 밑줄 친 it이 의미하는 것을 고르시오.**

① the answer   ② the point   ③ each sword
④ the next level   ⑤ the game

---

human being 인간, 사람   ability 능력   connect to A A와 연관되다   multiply 곱하다 cf. multiply A by B A에 B를 곱하다   role-playing game 역할 놀이   develop 개발하다   sword 칼   calculate 계산하다   mathematical 수학의, 수리적인   regular 주기적인   master 숙달하다
[선택지 어휘] advantage 이점, 유리한 점

:▶ Grammar & Usage

| 01-05 | 다음 각 네모 안에서 어법에 맞는 표현으로 가장 적절한 것을 고르시오.

01 A psychologist is someone who / whose studies the human mind.

02 Pet psychologists use drugs to help dogs and cats, just like doctors are / do when they help people.

03 Would you like to turn down the noise of daily life for a little while? You could start by not to talk / talking for a whole day.

04 Trajan's Column in Rome, Italy, built / was built in A.D. 113.

05 Before you start not talking for a whole day, let friends and family know / to know that you will be very quiet.

| 06-08 | 다음 밑줄 친 부분이 어법상 올바르면 ○, 어색하면 ×로 표시하고 바르게 고치시오.

06 Do you always spend <u>much</u> money than you wanted to? To kick the habit, just replace the bad activity with a good one.

07 Make a list of good things to do. Then, the next time you want to go shopping, you can do <u>better something</u>.

08 In the game Ms. Nicol developed, each sword your character makes <u>is</u> worth 12 points.

| 09-10 | 다음 중 밑줄 친 부분과 바꿔 쓸 수 있는 것을 고르시오.

09 To turn down the noise of daily life, choose a day when you <u>don't have to</u> speak at school or work.

① must not   ② aren't able to   ③ had better not
④ ought not to   ⑤ don't need to

10 "One reason students lose interest in math is that it doesn't <u>seem to</u> connect to their lives or interests," says Cynthia Nicol, a math teacher.

① be willing to   ② expect to   ③ need to
④ appear to   ⑤ be eager to

Real
ENGLISH

안 쓰는 물건을 재활용해요!

Yard Sale
알뜰 시장
Garage Sale(차고 세일)이라고도 해요.
가정에서 더 이상 사용하지 않는 물건을
정원이나 차고에 늘어놓고 판매하기 때문이죠.

Quick Check

Match each word in bold with its meaning.

1

01 run	a. 발명하다, 만들어내다
02 invent	b. 삶다; (물 등을) 끓이다
03 delicious	c. 꾹 누르다
04 boil	d. A와 비슷한
05 similar to A	e. 경영하다, 운영하다
06 press	f. 맛있는

2

01 wristwatch	a. 계속해서 ~하다
02 comfortable	b. 편안한
03 convenient	c. 오늘날, 요즈음
04 keep+-ing	d. 손목시계
05 nowadays	e. 편리한

3

01 treasure hunt	a. 물건; 목적; 반대하다
02 include	b. 보물찾기
03 object	c. (문제를) 풀다
04 hide	d. A로 이끌다
05 solve	e. 상자
06 lead to A	f. 포함하다
07 chest	g. 감추다

4

01 dig	a. 부드럽게[매끄럽게] 하다; 부드러운
02 past	b. 무너져 내리다, 쓰러지다
03 fall down	c. 파다
04 smooth	d. 천장
05 ceiling	e. 녹다
06 melt	f. (위치상으로) 지나서

5

01 behave	a. 정직
02 honesty	b. 행동하다
03 pay for	c. 놓다, 두다; 장소
04 place	d. A가 ~하지 못하게 하다
05 stop A from+-ing	e. ~에 대한 값을 지불하다

Chapter 03

Chronological Order / Process

이 챕터에서는 어떤 일이 발생한 순서가 포함되어 있는 글을 살펴보기로 해요.
반드시 그런 것은 아니지만, 이러한 것들은 가장 오래된 일부터 순서대로
전개되는 것이 이해가 가장 쉽기 때문에 그렇게 서술됩니다.

Time order

가장 먼저 일어난 일   가장 나중에 일어난 일

Process

단계 1 ——— 단계 2 ——— 단계 3

Run your eyes over the passage until you find the subject of the passage.

The passage is probably about ((a) a health resort (b) breakfast food).

CHAPTER 03

1

In the late 1800s, Dr. John Kellogg [05] <u>ran</u> a health resort in Michigan. Dr. Kellogg believed the secret to health was never to eat meat. Breakfast at the resort was bread with no taste. Guests didn't like it. [06] _____, John and his brother, Will, worked to invent something delicious and meat-free for breakfast. In 1894, the brothers tested boiled wheat. Wheat is grain, similar to rice. It is used to make flour and bread. (①) The brothers pressed the boiled wheat until it was very thin and put it in the oven. (②) Hours later, they found that the wheat was broken up into golden pieces. (③) It was tasty! (④) Guests at the resort loved it, the first cereal. (⑤) They bought boxes of it to take home. The cereal became very popular. Today, cereals are among the most popular breakfast foods in the world.

* health resort 휴양지

Reading & Writing Tip

📄 연대순의 글

가장 먼저 일어난 사건부터 순서대로 글을 써내려갈 때 숫자, 즉 연도나 날짜를 언급하기도 해요. 다음과 같은 표현들이 보일 수 있어요.

in the (early) 1930s 1930년대 (초반)에
in late 2015 2015년 후반에
by (the year) 1937 1937년까지는
throughout the 1970s and 1980s 1970년대와 1980년대 내내

SUMMARY >
01-03 **Complete the summary by choosing the correct choice for each blank.**

in the late 1800s	in 1894	today
The Kellogg brothers were searching for a delicious and 01 _____ breakfast food.	They created the first cereal 02 _____ . And the guests at the health resort loved it.	A lot of people in the world 03 _____ cereals for breakfast.

01 (a) healthy (b) fresh (c) cheap
02 (a) all the time (b) at once (c) by accident
03 (a) enjoy (b) create (c) avoid

TITLE >
04 **Which of the following is the best title of the passage?**
① The Origin of Breakfast Cereal
② How to Make Your Own Cereal
③ Many Kinds of Breakfast Foods
④ The Effect of Eating Meat-free Foods
⑤ The Importance of Good Eating Habits

Focusing on DETAILS

VOCABULARY >
05 **Which of the following has the same meaning as "ran" in the paragraph?**
(a) She ran down the stairs.
(b) He ran a company in New York.

DETAIL >
06 **Which of the following best fits in the blank?**
① However ② So ③ For example
④ In addition ⑤ In short

DETAIL >
07 **In which of the following blanks does the sentence best fit?**

Then they forgot about it!

① ② ③ ④ ⑤

---

run ((과거형 ran)) 경영하다, 운영하다   invent 발명하다, 만들어내다   delicious 맛있는 (= tasty)   meat-free 고기가 없는 cf. -free ~이 없는   boil 삶다; (물 등을) 끓이다   wheat 밀   grain 곡물   similar to A A와 비슷한   flour 밀가루   press 꾹 누르다   break ((과거형 broke 과거분사형 broken)) up A into pieces A를 산산조각으로 부수다   golden 누런색의, 황금빛의   cereal (흔히 아침식사로 우유에 말아 먹는) 시리얼; 곡류
[문제&선택지 어휘] search for 찾다   by accident 우연히   origin 기원, 유래   effect 효과; 결과

Look at the first two sentences of the passage.

The passage is probably about ((a) wristwatches (b) everyday items).

CHAPTER 03

2

Once upon a time, only women wore wristwatches. Men thought (a) they were too pretty and womanly. They used big, manly pocket watches instead. During the First World War, soldiers discovered that their pocket watches were too difficult to carry on the battlefields. But (b) they still thought wristwatches were for women only. Then a watchmaker named Hans Wilsdorf, famous for his pocket watches, made a strong and manly wristwatch. Soon, many soldiers agreed that wearing one was comfortable and convenient. After the war, (c) they kept wearing their wristwatches. In this way, (d) they showed that it was just fine for men to wear these things, too. It's great that (e)

they made it okay for men to wear wristwatches. They are useful, stylish, always changing, and fun to collect. Nowadays, wristwatches are everyday items for boys and men.

* pocket watch 회중시계 (품속에 넣고 휴대하는 소형 시계) ** battlefield 전쟁터

Reading &
Writing Tip

📑 **사건순의 글**

숫자를 직접 나타내지 않고 특정한 사건 전후(e.g. after the end of World War II)를 언급하며 글을 이어갈 수도 있답니다. 숫자와 사건이 둘 다 나올 때도 물론 있지만요. 보통 이런 사건을 언급하면서 중요한 정보도 함께 주기 때문에, 사건과 함께 글이 말하고 있는 바가 무엇인지 놓치지 않는 것이 필요해요. 본문의 문제를 통해서 좀 더 알아보기로 해요. (→ 01.~03. Summary)

Getting the BIG PICTURE

SUMMARY > 01-03 **Complete the summary by choosing the correct choice for each blank.**

> **Once upon a time**, only women wore wristwatches, while men carried pocket watches.
> → **During the First World War**, pocket watches were 01 _____ for soldiers.
> → **Then**, wristwatches for men were made by a watchmaker and worn by 02 _____.
> → **After the war**, wristwatches were thought to be 03 _____ for men.
> → **Nowadays**, boys and men wear wristwatches.

01 (a) designed   (b) popular   (c) uncomfortable

02 (a) watchmakers   (b) soldiers   (c) rich people

03 (a) fine   (b) uncommon   (c) expensive

TOPIC > 04 **Which of the following is the best topic of the passage?**

① World War I's effect on watch making
② how wristwatches became men's items
③ why pocket watches lost popularity
④ the origin of the wristwatch
⑤ how men's and women's fashion differs

Focusing on DETAILS

REFERENCE > 05 **Which of the following is different among the underlined (a)~(e)?**

① (a)   ② (b)   ③ (c)   ④ (d)   ⑤ (e)

DETAIL > 06 **Which of the following about wristwatches is NOT mentioned in the passage? Choose all that apply.**

① 옛날에는 여성들만 착용했다.
② 초기에는 시간이 정확히 맞지 않았다.
③ 회중시계에 비해 편리성이 강조되었다.
④ 제1차 세계 대전 당시 군인들이 착용했다.
⑤ Wilsdorf라는 시계 제작자가 최초로 개발했다.

---

once upon a time 옛날에   wristwatch 손목시계   womanly 여성스러운 (↔ manly 남자다운)   watchmaker 시계 제작자   comfortable 편안한   convenient 편리한   keep ((과거 · 과거분사형 kept))+-ing 계속해서 ~하다   stylish 맵시 있는   nowadays 오늘날, 요즈음   everyday 일상의, 매일의   item 물품, 품목

Before reading, look at the words and phrases below.

a treasure hunt / treasure map / hide / a puzzle / treasure chest
The passage is probably about ((a) drawing a map (b) a treasure hunt).

CHAPTER 03

3

It's fun to make a treasure hunt for your friends! First, draw your treasure map. Include places and objects that your friends know well. The map will show your friends where they need to go. Hide the treasure map where your friends will find it easily. Then, create a puzzle. The puzzle has to be solved to find the location of the treasure. [04]_____, let's say the map leads to the living room. (①) You could make the following puzzle: "Where can 1=5 and 5=25?" (Answer: a clock) (②) If you make several puzzles like this, the hunt will be more fun. (③) After making all the puzzles, fill the 'treasure chest' with things that your friends would like. (④) Then, hide the treasure very well. (⑤) [05]It should be impossible for anyone to find, unless they have your map.

Reading &
Writing Tip

📑 순서를 나타내는 글인지를 알려주는 단서

앞에서는 시간의 흐름대로 진행되는 글을 살펴봤으니까 이번에는 과정을 설명하는 글을 알아보기로 해요. 무언가를 만들거나 준비하는 단계를 설명하는 글이 이에 해당한답니다. 이러한 글에는 다음과 같은 어구들이 자주 등장해요.

first (of all) 우선, 맨 먼저, 첫째(로)(= firstly)	**second(ly)** 둘째(로)
later 그 뒤에	**next** 그다음에, 그리고는(= then)
following ~후에(= after)	**finally[in the end]** 마지막으로

하지만 위와 같은 표현이 반드시 나오는 것은 아니에요. 없어도 어느 것이 먼저 이루어지고 나중에 이루어지는지 내용을 통해 알 수 있을 때도 많거든요. 수능에서는 순서 문제나 주어진 문장 넣기 문제로 여러분이 위와 같은 단서가 없이도 글의 흐름을 읽어낼 수 있는지 묻곤 한답니다. 본문의 주어진 문장 넣기 문제를 풀어보도록 해요. (→ 03. Detail)

SUMMARY > 01 **Arrange the sentences in the right order to be a summary of the passage.**

Making a treasure hunt for your friends is fun.

(a) Make a puzzle to help find where the treasure is.

(b) Fill the 'treasure chest' with something and hide the treasure well.

(c) Draw a treasure map and hide it somewhere easy to find.

Ans: _____

TOPIC > 02 **Which of the following is the best topic of the passage?**

① a game to teach map reading
② tips for finding hidden treasure
③ how to prepare a treasure hunt
④ why treasure hunting is so popular
⑤ the best places to hide from your friends

Focusing on DETAILS

DETAIL > 03 **다음 주어진 문장이 들어갈 곳으로 알맞은 곳은?**

Put gold chocolate coins at the top of the chest like real treasure.

①　　　　　②　　　　　③　　　　　④　　　　　⑤

DETAIL > 04 **Which of the following best fits in the blank?**

① But ② Also ③ Instead
④ In fact ⑤ For example

내신서술형 > 05 **밑줄 친 문장이 뜻하는 것과 같도록 빈칸에 알맞은 한 단어를 각각 쓰시오.**

_____ one should be able to find the _____ without the treasure map.

treasure hunt 보물찾기 *cf.* treasure 보물　include 포함하다　object 물건; 목적; 반대하다　hide 감추다　puzzle 수수께끼　solve (문제를) 풀다
location 위치　lead to A A로 이끌다　fill A with B A를 B로 채우다　chest 상자

The passage is probably about ((a) building a *quinzee* (b) sleeping in a tent).

CHAPTER 03

Have you ever tried camping in the snow? It's great! To be a real snow camper, you should sleep in a *quinzee* and not in a tent. A *quinzee* is a little hut made of snow. Do you want to try it? You'll be surprised by how warm and comfortable it is. I'll explain the steps in building your own *quinzee*.

First, build a small rounded hill with snow. Then, push 12 or more 30cm-long sticks into the snow-hill. The sticks will show you how thick to make your walls and roof. Dig an entrance at ground level. Then, start digging snow out to make a big space inside your *quinzee*. [06] Keep digging until you find the ends of the sticks in the snow. Don't dig past them or your *quinzee* may fall down! Finally, smooth the snow on the inside walls and ceiling. This will stop the ice from melting. Your *quinzee* is ready for its guest!

Reading &
Writing Tip

📖 과정을 나타내는 글인지를 알려주는 단서

글이 '과정, 단계'에 대해 설명할 거라고 직접 말하기도 해요.

본문 역시, 첫 단락의 I'll explain the steps in building your own *quinzee*.라는 문장을 통해 quinzee를 짓는 단계(steps), 즉 '과정'을 설명하는 글이라는 것을 바로 알 수 있답니다.

이처럼 글은 the steps, the stages, the order 등의 어구를 언급해서 뒤에 더 자세한 과정이 나올 것 이라고 짐작하도록 할 수 있어요. 글을 쓸 때도 이렇게 직접 말해주면 읽는 사람이 글의 내용을 더욱 쉽게 이해할 수 있겠죠?

Getting the BIG PICTURE

SUMMARY > 01-04 **Complete the summary by using the words in the passage.**

> If you'd like to 01 _____ in the snow, you should build a *quinzee*.
> First, make a small rounded hill from 02 _____.
> Then, 03 _____ sticks into it.
> Dig an entrance and dig out the snow.
> Clear 04 _____ inside until you find the ends of the sticks.

TITLE > 05 **Which of following is the best title of the passage?**

① Safety Tips for Winter Camping
② The Amazing Facts about Snow
③ Living in the Snow: A True Story
④ Winter Camping: Build and Sleep in a *Quinzee*
⑤ How Fun It Is to Make a *Quinzee* for Winter Camping!

Focusing on DETAILS

DETAIL > 06 **밑줄 친 문장까지 완성된 *quinzee*의 모습을 가장 잘 나타낸 것은?**

(a)   (b)   (c)

내신서술형 > 07 **본문의 내용과 일치하도록 아래 문장의 빈칸에 알맞은 단어를 각각 하나씩 쓰시오.**

(a) _____ decide the thickness of the *quinzee*'s walls and ceiling.
(b) When you reach the sticks, you should not _____ any further.
(c) The inside walls and ceiling should be made _____.

---

camper 야영객, 캠핑객   hut 오두막   rounded 둥근   stick 막대기   roof 지붕   dig 파다   keep+-ing 계속해서 ~하다   past (위치상으로) 지나서   fall down 무너져 내리다, 쓰러지다   smooth 부드럽게[매끄럽게] 하다; 부드러운   ceiling 천장   stop A from+-ing A가 ~하지 못하게 하다   melt 녹다   be ready for 준비가 되다   [선택지 어휘] thickness 두께   reach ~에 이르다, 닿다

Look at the first three sentences of the passage.

The passage is probably about ((a) people's behavior (b) watching people).

CHAPTER 03

5

Did you know that you behave differently when eyes are looking at you? People are said to behave differently in groups. To prove this, Dr. Gilbert Robert studied office workers who used an 'honesty box' to pay for drinks and snacks. He counted how much money each worker normally put in the honesty box. Then he placed a picture of eyes above the box. He discovered that every office worker paid nearly three times more money when the eyes were there! Surprisingly, the workers didn't know they acted differently because of the eyes. One worker said, "Those eyes aren't real. They're just pictures. They won't change anything." But the study found that even a picture of eyes has power. With this knowledge, we could use pictures of eyes to stop people from doing bad things! Indeed, they are

06
_____ .

Reading &
Writing Tip

📑 **실험[연구, 조사]**

시험에 자주 출제되는 글의 종류 중에 '실험이나 연구, 조사'에 관한 것이 있어요. 이러한 글은 대개 다음과 같은 순서로 구성됩니다.
1. 어떤 사실을 밝히기 위한 가설(hypothesis)
2. 구체적인 실험 내용
3. 실험 결과
4. 실험 결과가 우리에게 알려주는 점

SUMMARY > 01-04 **Match each step with the sentences (a)~(d).**

A. Step 1: 가설
B. Step 2: 실험 내용
C. Step 3: 실험 결과
D. Step 4: 알 수 있는 것

01   A •   • (a) There was a box to pay for drinks and snacks. Dr. Robert put a picture of eyes above it.

02   B •   • (b) We can make people behave better just with pictures.

03   C •   • (c) More money was left in the box under the picture.

04   D •   • (d) Do people behave differently when others are looking at them?

MAIN IDEA > 05   **Which of the following is the writer's main point?**

① Helping others makes people feel good.
② Dr. Roberts is worried about people cheating.
③ Honest workers are better workers.
④ People behave better when others are watching.
⑤ Controlling people is best done with pictures.

DETAIL > 06   **Which of the following best fits in the blank?**

① social animals
② not very honest
③ free to make choices
④ fond of spending money
⑤ not interested in each other

---

behave 행동하다   honesty 정직   pay for ~에 대한 값을 지불하다   normally 보통(은), 정상적으로   place 놓다, 두다; 장소   nearly 거의   stop A from+-ing A가 ~하지 못하게 하다   **[선택지 어휘]** cheat 속이다; (시험에서) 부정행위를 하다   social 사회의, 사회적   be fond of 좋아하다

▶ Grammar & Usage

| 01-05 | 다음 각 네모 안에서 어법에 맞는 표현으로 가장 적절한 것을 고르시오.

01   People are said to behave $\boxed{\text{different / differently}}$ in groups.

02   Wheat is grain, similar to rice. It is used to $\boxed{\text{make / making}}$ flour and bread.

03   A watchmaker $\boxed{\text{naming / named}}$ Hans Wilsdorf, famous for his pocket watches, made a strong and manly wristwatch.

04   The treasure map will show your friends $\boxed{\text{when / where}}$ they need to go.

05   When you build a *quinzee*, a little hut made of snow, keep digging $\boxed{\text{until / before}}$ you find the ends of the sticks in the snow.

| 06-08 | 다음 밑줄 친 부분이 어법상 올바르면 ○, 어색하면 ×로 표시하고 바르게 고치시오.

06   Because guests didn't like the breakfast at the health resort, John and his brother, Will, worked to invent <u>delicious something</u> and meat-free for breakfast.

07   When you do a treasure hunt, a puzzle <u>has to solve</u> to find the location of the treasure.

08   The study of Dr. Gilbert Robert found that even a picture of eyes <u>has</u> power.

| 09-10 | 다음 중 빈칸에 알맞은 말을 고르시오.

09   _____ the First World War, soldiers discovered that their pocket watches were too difficult to carry on the battlefields.

    ① On   ② For   ③ During   ④ While   ⑤ As

10   We could use pictures of eyes to stop people from _____ bad things!

    ① do   ② did   ③ done   ④ to do   ⑤ doing

Real ENGLISH

불이 나도 문제없어!

◆ ◆ ◆

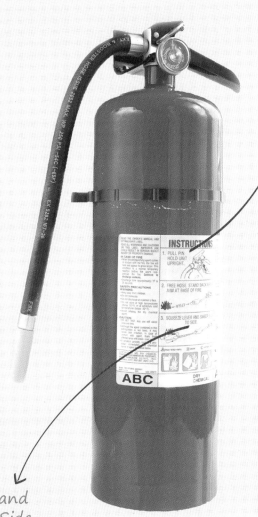

Hold Unit Upright
소화기를 수직으로 드세요.
unit에는 '단위'란 뜻 외에 '장비, 도구'란 의미도
있습니다. 여기서는 소화기(fire extinguisher)를
가리켜요. upright는 '수직으로'란 뜻.

*Squeeze Lever and
Sweep Side to Side*
**레버를 꽉 쥐고 좌우로 움직이며
불을 끄세요.**
squeeze는 '~을 꽉 쥐다, 짜다',
sweep은 '~을 쓸다, 쓸어버리다'
란 뜻이에요.

Quick Check

Match each word in bold with its meaning.

1

01	pay for	a.	~에 (많은) 돈을 쓰다
02	weapon	b.	비싼
03	high in price	c.	금속(의)
04	handmade	d.	무기
05	metal	e.	수공예의, 손으로 만든
06	spend (a lot of) money on	f.	~에 대해 돈을 주다, 지급하다

2

01	expect A to+동사원형	a.	무언의, 입 밖에 내지 않는
02	send out	b.	A가 ~하길 기대하다
03	silent	c.	~하면서 좋은 시간을 보내다
04	unspoken	d.	내보내다
05	have a good time+-ing	e.	((과거 사실에 대한 유감·후회)) ~했어야 한다
06	should have p.p.	f.	말을 안 하는; 조용한

3

01	pay attention to A	a.	게다가
02	clearly	b.	눈길을 돌리다
03	experiment	c.	A에 집중하다
04	solve	d.	(문제를) 풀다
05	besides(= in addition)	e.	명확하게, 확실히
06	look away	f.	실험

4

01	judge A by B	a.	분배하다, 나누다
02	wealthy	b.	환경
03	share	c.	정부
04	interest	d.	A를 B로 판단하다
05	cultural	e.	(사업적) 이해관계, 이익; 흥미, 관심; 이자
06	environment	f.	~하는 것을 목표로 하다
07	government	g.	문화의
08	aim to+동사원형	h.	부유한

5

01	talent	a.	불쾌한
02	awful	b.	(타고난) 재능
03	sweat	c.	A에 집착하다
04	as soon as	d.	긴장을 풀다
05	stick to A	e.	~하자마자
06	relax	f.	땀 흘리다

Chapter 04

Myth & Truth

흔히 사람들이 A(Myth)라고 알고 있지만 사실은 B(Truth)라는 것을
설명할 때 볼 수 있는 글의 형식이에요. 이런 글의 내용은
세상에 널리 알려지거나 일반적으로 인정되고 있는 설을
뒤엎는 것이기 때문에 흥미로운 것들이 많답니다.
글쓴이가 강조하려는 것은 당연히 B에 해당하는 부분이에요.

Look at the first three sentences of the passage.

The passage is probably about ((a) being (b) how to be) a knight.

CHAPTER 04

1

"A knight in shining armor came on his white horse and ⁰⁴saved the princess." Does that sound romantic to you? Maybe it does, but the life of a knight in the Middle Ages was ⁰⁵_____. Each knight had to pay for two or three young men who cooked and cleaned for him. His weapons were very high in price because they were handmade. And a knight had

to dress in shining metal called armor. As armor was also handmade, he had to spend a lot of money on it, too. But the highest price of all was for the knight's horse. You could not buy a horse unless you were very, very rich. That's why horse racing is called the "sport of kings."

* knight (중세의) 기사 ** armor 갑옷 *** Middle Ages 중세시대

Reading &
Writing Tip

📄 **Myth-Truth 전개 순서**

보통 Myth를 설명하고 이와 반대되는 Truth가 나온 뒤, Truth에 대한 보충설명이 이어지는 식으로 전개됩니다. Truth는 사람들이 지금까지 믿던 상식을 완전히 뒤엎는 내용이므로 Truth를 뒷받침하는 보충설명(이유, 예시 등)이 반드시 뒤따라 나옵니다.

Myth (통념, 상식)

↕

Truth

↑   ↑

뒷받침하는 세부 사항

SUMMARY >   01-02   **Complete the summary by choosing the correct choice for each blank.**

> **Myth:** The knights in the Middle Ages lived 01 _____ lives.
>
> ↕
>
> **Truth:** Being a knight 02 _____ a lot of money.
> Knights had to pay for **everything**.
>
> ↑
>
> 1. young men who worked for them
> 2. their equipment: weapons, armor, and a horse

01   (a) wonderful   (b) hard   (c) long
02   (a) made   (b) saved   (c) cost

TOPIC >   03   **Which of the following is the best topic of the passage?**

① the secret of becoming a knight
② why horse racing is interesting
③ the people who worked for knights
④ being a knight in the Middle Ages
⑤ how weapons and armor were made

Focusing on DETAILS

VOCABULARY >   04   **Which of the following has the same meaning as "saved" in the paragraph?**

(a) I'm saving for a new bike.
(b) Save some food for me.
(c) She saved a little girl from falling into the water.

DETAIL >   05   **Which of the following best fits in the blank?**

① boring   ② lonely   ③ easy
④ dangerous   ⑤ expensive

---

shining 빛나는   romantic 낭만적인   pay for ~에 대해 돈을 주다, 지급하다   weapon 무기   high in price 비싼   handmade 수공예의, 손으로 만든   metal 금속(의)   spend (a lot of) money on ~에 (많은) 돈을 쓰다   **[선택지 어휘]** lonely 외로운

Look at the first three sentences of the passage.

The passage is probably about understanding other people's
((a) mind (b) saying).

CHAPTER 04

2

Some people, without saying anything, expect others to know what they think, feel, and want. These people send out silent messages all the time. They think their messages will be understood easily. Unfortunately, unspoken messages are too ⁰⁵ <u>clear</u>. For example, there is a boy. His girlfriend is having a good time talking with some male friends of hers. The boyfriend moves a short distance away. He wants his girlfriend to come with him, but he doesn't want to ask her in front of the other boys. So he turns his back to her and makes his face look sad and mad. He thinks, "I won't ask. She should know that I want her to come to me." ⁰⁶_____, his girlfriend sees him and thinks, "He looks like he wants to be alone." In this case, the boy should have told his feelings to his girlfriend. She can't read his mind. It's not very smart of him to expect her to.

Reading &
Writing Tip

📖 **Myth-Truth임을 알려주는 어구**

Myth는 '(일부) 사람들은 흔히 ~ 생각한다[기대한다, 믿는다, 말한다]'와 같은 표현과 함께 나올 때가 많답니다. Truth는 이와는 반대되는 내용이므로 '그러나'와 같은 말 뒤에 이어지거나 '진실은 ~이다'로 표현돼요.

Myth: (Some) People think[expect, believe, say ~]

↓ However, Unfortunately, Actually, In reality, But ~

Truth: The truth is ~.

SUMMARY > 01-03 **Complete the summary by choosing the correct choice for each blank.**

Myth: 01 _____ can be sent to others.

↕

Truth: Silent messages are often interpreted 02 _____.

↑

Example: A boy sends his girlfriend a silent message. He wants her to 03 _____ him. However, she thinks he wants space.

01 (a) Our stories (b) Text messages (c) Silent messages
02 (a) silently (b) wrongly (c) politely
03 (a) join (b) help (c) remember

MAIN IDEA > 04 **Which of the following is the writer's main idea?**
① 상대방을 배려할 줄 알아야 한다.
② 혼자만의 시간을 갖는 것이 중요하다.
③ 충분한 대화를 통해 문제를 해결해야 한다.
④ 상대방이 오해하지 않도록 말을 조심해야 한다.
⑤ 자신이 원하는 것을 직접적으로 말하는 것이 좋다.

내신서술형 > 05 **글의 흐름에 맞게 주어진 단어를 알맞은 형태로 바꾸시오.**

DETAIL > 06 **Which of the following best fits in the blank?**
① However ② For example ③ In short
④ Therefore ⑤ In addition

---

expect A to+동사원형 A가 ~하길 기대하다　send out 내보내다　silent 말을 안 하는; 조용한　all the time 항상　unfortunately 유감스럽게도, 불행히도　unspoken 무언의, 입 밖에 내지 않는　clear 분명한 (↔ unclear 불명확한)　have a good time+-ing ~하면서 좋은 시간을 보내다　male 남자의　mad 화난　should have p.p. ((과거 사실에 대한 유감·후회)) ~했어야 한다　smart 현명한

Look at the first three sentences of the passage.

The passage is probably about looking at people when they are
((a) asking a question (b) answering).

CHAPTER 04

3

"Look at me when I ask you a question!" Have you heard this from your parents or teachers? They might think you are paying more attention to them when you are looking at them. But if you want to give your best answer, it's better not to look. ① That's because when you look at a real face, parts of your brain become very busy and it can be more difficult to think clearly. ② In an experiment, five-year-old kids solved math questions more quickly and correctly when they looked away from the tester's face. ③ Problem solving has a special importance in the study of mathematics. ④ Besides, another study showed that kids naturally look away when thinking about how to answer a question. ⑤ So go ahead, look away. It's only natural!

Reading &
Writing Tip

📖 Truth를 뒷받침하는 보충설명

앞에서도 말했던 것처럼, Truth 뒤에는 이를 뒷받침하는 보충설명이 나와요. 이때, 보충설명은 Myth를 충분히 뒤엎을 수 있을 정도로 Truth를 잘 뒷받침해야 해요. 그와 상관없는 내용의 문장을 포함하면 글의 흐름이 어색해져 좋지 못한 글이 되어 버린답니다. 다음 문제를 풀고 본문에 주어진 문제도 풀어보세요.

(→ 05. Detail)

※ 다음 (a), (b) 중에서, 주어진 Truth를 뒷받침하지 <u>않는</u> 문장을 고르시오.

Myth: Anger is a negative feeling.
Truth: Anger is a normal, healthy feeling.
(a) Everyone feels anger from time to time.
(b) It can cause problems at home and at work. (정답 및 해설 ☞ p.32)

Getting the BIG PICTURE

SUMMARY >   01-03   **Complete the summary by choosing the correct choice for each blank.**

Myth: We should 01 _____ parents and teachers when they ask us a question.

↕

Truth: We can't 02 _____ very well about the answer and look at them at the same time.

↑

Reason: Our brain is too 03 _____ to do both things.

01   (a) answer   (b) look at   (c) thank

02   (a) think   (b) talk   (c) hear

03   (a) quick   (b) tired   (c) busy

MAIN IDEA >   04   **Which of the following is the writer's main idea?**

① 마음이 편안해야 수학 문제를 잘 풀 수 있다.

② 대화를 할 때는 상대와 눈을 마주쳐야 한다.

③ 질문자를 안 쳐다볼 때 답을 더 잘할 수 있다.

④ 타인의 시선을 의식하는 것은 본능이다.

⑤ 아이들에게는 집중력 향상 훈련이 필요하다.

Focusing on DETAILS

DETAIL >   05   **본문의 ①~⑤ 중에서 글의 흐름과 관계 없는 문장은?**

---

pay attention to A A에 집중하다   part 일부분   brain ((인체)) 뇌   clearly 명확하게, 확실히   experiment 실험   solve (문제를) 풀다   math 수학   correctly 정확하게   besides 게다가 (= in addition)   naturally 자연스럽게 cf. natural 자연스러운   look away 눈길을 돌리다

The passage is probably about ((a) wealth and happiness (b) economic success).

CHAPTER 04

We normally judge the value of a country by how successful its economy is. We think that the wealthiest countries must have the most happy people. However, that's not true. A good example that shows us it isn't true is Bhutan, a tiny kingdom in the Himalayas. The King of Bhutan believes that [05] _____ is the most important thing for his people, not business. Most of all, the King of Bhutan wants his people to feel good and to enjoy their lives. He believes wealth should be shared among all the people and that business [06] <u>interests</u> must be balanced with

cultural traditions and the natural environment. So, the government of Bhutan aims to create the best possible life for the people. They also think a good life is more important than a rich life. Maybe this is why Bhutan has been ranked 8th in the world on a 'Happiest Nations' list. The wealthiest country, America, is at number 20, and wealthy Korea is at 102.

* Bhutan 부탄 ((히말라야 산맥 속의 작은 왕국))

SUMMARY > 01-03 **Complete the summary by choosing the correct choice for each blank.**

Myth: The value of a country depends on its 01 _____.

↕

Truth: The value of a country can't be 02 _____ by it.

↑

Example: Some countries, including Bhutan, show that wealth and happiness don't necessarily 03 _____.

01	(a) wealth	(b) history	(c) people
02	(a) protected	(b) judged	(c) used
03	(a) occur without a reason	(b) make things worse	(c) go together

PROVERB > 04 **Which of the following is closest in meaning to the passage?**

① To see is to believe.
② Money cannot buy happiness.
③ Kill two birds with one stone.
④ A penny saved is a penny earned.
⑤ Lend your money and lose your friend.

DETAIL > 05 **Which of the following best fits in the blank?**

① environment   ② health   ③ money
④ happiness   ⑤ education

VOCABULARY > 06 **Which of the following has the same meaning as "interests" in the paragraph?**

(a) I agreed to repay the money with interest.
(b) It's in the public interest to create more parks.
(c) Ben has shown an interest in learning Korean.

---

normally 보통은; 정상적으로   judge A by B A를 B로 판단하다   economy 경제   wealthy 부유한 cf. wealth 부(富), 부유함   kingdom 왕국
most of all 그 중에서도, 무엇보다   share 분배하다, 나누다   interest (사업적) 이해관계, 이익; 흥미, 관심; 이자   balance 균형을 맞추다   cultural
문화의   tradition 전통   environment 환경   government 정부   aim to+동사원형 ~하는 것을 목표로 하다   rank (순위에) 오르다, 위치하다

Look at the first three sentences of the passage and fill the blank.

The passage is probably about how to be _____.

CHAPTER 04

5

Do you want to be famous? (①) Then, what should you do? (②) People usually say, "Just do what you want to do!" (③) Is it good advice? I'm not sure. (④) I've seen people fail because they have no talent for their jobs. (⑤) But it may not be right for you. Let's say you want to be a television news announcer. If your voice sounds awful and you start to sweat badly as soon as you look at the camera, you will probably never be a star. Now imagine this: while you are trying hard to be a star announcer, you discover you have a gift for writing news. [06] Don't stick to your dream of being an announcer. Relax, think again, and become the best news writer in the business! Believe me, you'll be happier and more successful.

Reading & Writing Tip ▶

📄 글의 복합구조

여러 구조로 이루어진 글도 나올 수 있답니다. 위의 본문은 크게 보면 Question-Answer 구조인데, Answer에 해당하는 부분이 Myth-Truth로 이루어진 것을 알 수 있지요? 우리가 배웠던 다양한 글에 익숙해지면 이렇게 복잡한 형태의 글도 이해하기 어렵지 않아요!

Question: 유명해지려면 어떻게 해야 하는가?
Answer: Myth
↑
Answer: Truth
↑　　　↑
보충설명

Getting the BIG PICTURE

SUMMARY > 01-03 **Complete the summary by choosing the correct choice for each blank.**

Question: What should we do if we want to be famous?

Myth: We should do what we want to do.

↕

Truth: People fail without any 01 _____ for their jobs.

↑

Example: You won't be a star announcer if you're not 02 _____ with a good voice. It might be 03 _____ to be a writer.

01 (a) talent   (b) help   (c) idea
02 (a) familiar   (b) satisfied   (c) born
03 (a) similar   (b) better   (c) sad

MAIN IDEA > 04 **Which of the following is the writer's main point?**

① Be happy with your talent.
② Never imagine you will fail.
③ Don't be afraid to show your weakness.
④ Dreams can come true if you start now.
⑤ Build your dreams on the talent you have.

Focusing on DETAILS

DETAIL > 05 **①~⑤ 중에서 다음 문장이 들어가기에 가장 적절한 곳을 고르시오.**

Just doing what you want to do may work for a while.

내신서술형 > 06 **밑줄 친 부분을 우리말로 해석하시오.**

---

talent (타고난) 재능 (= gift)   announcer 아나운서   awful 불쾌한   sweat 땀 흘리다   as soon as ~하자마자   stick to A A에 집착하다   relax 긴장을 풀다   **[선택지 어휘]** weakness 약점, 단점 (↔ strength 강점, 장점)   come true 실현되다   for a while 잠시

⏵ Grammar & Usage

| 01-05 | 다음 각 네모 안에서 어법에 맞는 표현으로 가장 적절한 것을 고르시오.

01 In the Middle Ages, each knight had to pay for two or three young men who / which cooked and cleaned for him.

02 The King of Bhutan wants his people to feel / feeling good and to enjoy their lives.

03 Your parents or teachers might think you are paying more attention to their / them when you are looking at them.

04 Some people, without saying anything, expect others to know that / what they think, feel, and want.

05 I've seen people fail / to fail because they have no talent for their jobs.

| 06-08 | 다음 밑줄 친 부분이 어법상 올바르면 ○, 어색하면 ×로 표시하고 바르게 고치시오.

06 The life of a knight in the Middle Ages was expensive. The highest price of all <u>were</u> for the knight's horse.

07 We normally judge the value of a country by how successful <u>its economy is</u>.

08 Some people send out silent messages all the time. They think their messages will <u>understand</u> easily.

| 09-10 | 다음 중 빈칸에 들어갈 말이 순서대로 바르게 짝지어진 것을 고르시오.

09

- In the Middle Ages, you could not buy a horse _____ you were very, very rich. That's why horse racing is called the "sport of kings."
- One study showed that kids naturally look away _____ thinking about how to answer a question.

① if – before   ② if – when   ③ if – although
④ unless – when   ⑤ unless – although

10

If you want to give your best answer, it's better not to look. That's because when you look at a real face, parts of your brain become very _____ and it can be more difficult to think _____.

① busy – clear   ② busy – clearly   ③ busily – clearly
④ busier – clear   ⑤ busier – clearer

Real ENGLISH

저축을 합시다!

STATEMENT SAVINGS

Interest & Balance
이자와 잔고
이자가 많이 생겨서 잔고가 늘어났으면
좋겠어요!

Withdrawal & Deposit
출금과 예금
출금보다 예금이 더 많으면,
당연히 좋겠죠!

	DATE	WITHDRAWAL	DEPOSIT	INTEREST	BALANCE	TRANSACTION	
1							1
2							2
3							3
4							4
5							5
6							6
7							7
8							8
9							9
10							10
11							11
12							12
13							13
14							14
15							15
16							16
17							17
18							18
19							19
20							20
21							21
22							22
23							23
24							24

IN ACCT. WITH _____ No. _____

BANK AND TRUST
IT IS AGREED THAT THIS ACCOUNT IS OPENED SUBJECT TO
THE RULES AND REGULATIONS CONTAINED HEREIN.

Quick Check

Match each word in bold with its meaning.

1

01	allow A to+동사원형	a. ~하기 위해 고안되다
02	improve	b. 증가시키다
03	originally	c. ~로 알려지다
04	be designed to+동사원형	d. A가 ~하게 두다, 허가하다
05	increase	e. 퍼트리다
06	become[be] known for	f. 향상시키다
07	spread	g. 원래; 독창적으로

2

01	actual	a. 사실상의
02	rule	b. 더 이상 ~하지 않는
03	be born into	c. 통치하다, 지배하다
04	support	d. 단결시키다, 하나로 만들다
05	unite	e. 지지하다
06	no longer	f. (특정한 환경에서) 태어나다

3

01	be responsible for	a. 잘 하다
02	suggest	b. 해결(책)
03	control	c. (건물을) 짓다; (감정이) 커지다, 쌓이다
04	be good at	d. ~에 책임이 있다
05	build	e. 조절[조정]하다
06	solution	f. 암시하다, 시사하다; 제안하다

4

01	pour A into B	a. A가 ~하도록 강요하다
02	values	b. 가치관
03	belief	c. A를 B로 생각하다[여기다]
04	think of A as B	d. A를 B 위에 놓다
05	plate	e. A를 B에 부어 넣다
06	place A over B	f. 접시
07	force A to+동사원형	g. 신념, 믿음

5

01	unexpected	a. 원주민; 원주민의
02	native	b. 예상치 못한
03	sail into	c. 용기
04	courage	d. 놀라운
05	amazing	e. (배를 타고) ~로 들어오다

Chapter 05

Comparison / Contrast

우리는 일상에서도 흔히 두 가지 사물, 예를 들어 A와 B의 공통점이나 차이점을 말하는데요.

글에서도 마찬가지랍니다. 공통점과 차이점 둘 다를 설명하기도 하고,

때로는 어느 한 가지만 집중해서 설명하기도 하지요.

그렇게 함으로써 그 두 가지 사물에 대해 좀 더 정확한 이해를 할 수 있어요.

A	B

공통점 / 차이점 1

공통점 / 차이점 2

공통점 / 차이점 3

Look at the first two sentences in the passage.

The passage is probably about ((a) a cola brand (b) software improvement).

CHAPTER 05

1

The Open Source Software movement allows anyone to copy, use, and change software freely. It allows a piece of software to be continually improved by anybody who wants to help. Opencola uses the same idea. It is a brand of cola that anybody can make. Also, anyone can change and improve the recipe. It was originally designed to increase sales of new software by the Opencola software company in Canada. The drink was a hit. It

sold 150,000 cans, and the company became better known for the drink than for the software. The Opencola website is now run from Japan. Opencola gives everybody the power to create a no-brand product and to spread the joy of open source sharing.

* Open Source Software 오픈 소스 소프트웨어 (누구나 자유롭게 수정, 재배포할 수 있도록 공개된 컴퓨터 프로그램)
** recipe 요리법

Reading &
Writing Tip

📖 **Comparison임을 알려주는 단서**

다음 어구들은 '공통점/유사점'을 언급할 때 자주 등장해요.

• alike/like/likewise • each/both • same/similar/similarity • in common
• resemble

본문에서는 'Opencola uses the same idea.'에서 공통점을 언급하고 있어요. 앞에 나온 설명과 같은 점에 대해 말하고 있으니까 뒤의 내용을 어느 정도 예측할 수 있죠. 뒤 내용을 예측함으로써 좀 더 글을 빠르고 정확하게 이해할 수 있답니다.

마찬가지로, 글을 쓸 때도 공통점을 들어 설명하는 글에는 위와 같은 어구를 사용하여 읽는 사람이 내용을 예측할 수 있도록 하면 좋아요.

A and B have a lot in common. (A와 B는 **공통점을** 많이 가지고 있다.)
A and B share some similarities. (A와 B는 몇 가지 **유사점을** 공유하고 있다.)

Getting the BIG PICTURE

SUMMARY >   01-02   **Read the passage and choose the option in the box that best fits each blank.**

> (a) Opencola software
> (b) Open Source Software
> (c) Opencola
> (d) Opencola website

01   The passage shows similarities between _____ and _____.
     People are free to make Opencola whenever they want.
     It can be changed and improved by anybody.

02   Opencola's purpose was to help sell _____.

MAIN IDEA >   03   **Which of the following best fits in the blank in the sentence below?**

> Opencola is showing people _____.

① the importance of a recipe
② how to make a better drink
③ what people want to share
④ the future of software
⑤ the joy of open-source products

Focusing on DETAILS

DETAIL >   04   **Which of the following about Opencola are mentioned in the passage? Choose all that apply.**

① 제조법 개발에 누구나 참여할 수 있다.
② 토론토의 한 음료회사가 개발했다.
③ 현재 일본에서 웹사이트가 운영된다.
④ 판매 수익을 개발자들이 나누어 가진다.
⑤ 브랜드가 없는 최초의 상품이다.

---

movement (사회적) 운동   allow A to+동사원형 A가 ~하게 두다, 허가하다   continually 계속해서   improve 향상시키다   brand 상표   originally 원래; 독창적으로   be designed to+동사원형 ~하기 위해 고안되다   increase 증가시키다   sales 판매량   hit 히트, 성공   become ((과거형 became 과거분사형 become)) [be] known for ~로 알려지다   product 상품   spread 퍼트리다

The passage is probably about ((a) the British royal family (b) powerful leaders).

CHAPTER 05

2

England's kings and queens were once the most powerful leaders in the world. However, these days, the Queen of England has no actual power to rule. The British government still pays the Queen and her family millions of pounds each year. Some people say [06] it's wrong to give them so much wealth and power just because they were born into a certain family. They also believe it's time to end this system of power, which is called a monarchy. But Queen Elizabeth and her family [07] _____ _____. Around 70% of British citizens say they support the monarchy. They say it is good for England because it unites the British people and brings visitors. The British monarchy no longer rules the nation, but still rules the hearts of most British people.

* monarchy 군주제

Reading &
Writing Tip

📑 **Contrast임을 알려주는 단서**

다음은 '차이점/대조'를 나타낼 때 자주 등장하는 어구들이에요.

• but/however   • in contrast   • on the contrary/on the other hand   • differ

본문에서도 'But Queen Elizabeth and her family ~,'이 But으로 시작하여 앞의 내용과 대조를 나타내는 부분임을 알 수 있어요.

위의 어구를 사용한 예문을 볼까요?

They'd love to have kids, but **on the other hand**, they don't want to give up their freedom. (그들은 아이가 있었으면 하지만 **다른 한편으로는** 자유를 포기하고 싶어 하지 않는다.)

SUMMARY > 01-04 **Complete the summary by choosing the correct choice for each blank.**

the British royal family

Some people are 01 _____ the Queen and her family.

Reason: It's 02 _____ to give them so much money and power.

↔

Many British citizens are 03 _____ the Queen and her family.

Reason: They bring the British people 04 _____ and attract visitors.

01 (a) against   (b) thankful for   (c) worried about

02 (a) fine   (b) unfair   (c) important

03 (a) close to   (b) blaming   (c) fond of

04 (a) freedom   (b) together   (c) good luck

TITLE > 05 **Which of the following is the best title of the passage?**

① It's Time to Give the Queen Actual Power

② Understanding the Royal Family

③ For or Against the British Monarchy?

④ Who Will Be the Next King of England?

⑤ Monarchy: The Oldest Form of Government

내신서술형 > 06 **밑줄 친 부분을 우리말로 해석하시오.**

DETAIL > 07 **Which of the following best fits in the blank?**

① do not spend very much money

② think they deserve their wealth

③ are very popular in their country

④ love and protect the British people

⑤ are supported by other royal families

---

actual 사실상의   rule 통치하다, 지배하다   British 영국의, 영국인의 *cf.* the British 영국 사람들[국민]   millions of 수백만의   be born into (특정한 환경에서) 태어나다   support 지지하다 *cf.* supporter 지지자   unite 단결시키다, 하나로 만들다   no longer 더 이상 ~하지 않는
[선택지 어휘] for or against 찬성 또는 반대인   deserve 받을[할] 만하다

Look at the first three sentences of the passage.

The passage is probably about a way to tell people apart by their
((a) words (b) actions).

CHAPTER 05

3

You can usually tell the difference between people by the words they use. Some people say they are not responsible for what they feel and do. Their words suggest that they are controlled by others. For example, consider the problem of failing a math test. They will say, "I am simply not good at math." They are like a can of coke. If life shakes them up, the stress builds and they explode. On the other hand, other people's words suggest that they are responsible for what happens in their life. Their words show that solutions are within their control. In the same situation, they might ask themselves, "On which parts of the test do I need to work harder?" They are like a bottle of water. Shake them up and open the bottle — [05] _____ . Remember, the one who controls your actions and words is you!

Reading &
Writing Tip

📄 **Comparison/Contrast 글이 설명하고자 하는 또 다른 점**

글쓴이가 A와 B의 공통점이나 차이점을 단순히 설명하는 데서 그치지 않고, 그 중 어느 하나를 더 긍정적으로 말하고 있는 것은 아닌지 살펴보아야 해요. A와 B 중 긍정적으로 표현된 것이 글쓴이가 강조하고 싶은 부분이기 때문이죠.

본문 역시 두 대상을 비교하면서 어느 하나를 긍정적으로 평가하고 있어요. 글쓴이가 하고자 하는 말이 무엇인지 문제로 확인해보세요. (→ 04. Main Idea)

Getting the BIG PICTURE

SUMMARY > 01-03 **Complete the summary by choosing the correct choice for each blank.**

Some people do not take any action.		**Others** take action in order to 02 _____ something.
Instead, **they** let things 01 _____ them.	↔	**They** look at what **they** can do in 03 _____ situations.
They are like cans of coke.		They are like bottles of water.

01　(a) happen to　　(b) upset　　(c) help

02　(a) understand　　(b) give up　　(c) achieve

03　(a) common　　(b) difficult　　(c) happy

MAIN IDEA > 04 **Which of the following is the writer's main idea?**

① You should try to take control of your own life.

② You must take action to make others respect you.

③ Don't feel responsible for everything that happens.

④ We are all different. Don't try to be someone else.

⑤ Learning to tell the difference between people is useful.

Focusing on DETAILS

DETAIL > 05 **Which of the following best fits in the blank?**

① nothing happens

② you can't open it

③ the stress will increase

④ the bottle will break

⑤ the water will be warmer

tell the difference between A and B A와 B의 차이를 구별하다　be responsible for ~에 책임이 있다　suggest 암시하다, 시사하다; 제안하다 control 조절[조정]하다　be good at 잘 하다　shake up 세게 흔들다　build (건물을) 짓다; (감정이) 커지다, 쌓이다　explode 폭발하다, 화를 버럭 내다　solution 해결(책)　**[문제&선택지 어휘]** take action 행동에 옮기다　take control of 장악[지배]하다

The passage is probably about a jelly mold and our ((a) values (b) appearances).

CHAPTER 05

A jelly mold is a shape that you pour hot jelly into. When the jelly cools, it becomes firm and stays in the shape of the mold. Each of us has a set of values and beliefs that we can think of as our own jelly mold. We think it is the best jelly mold in the world. So we think other people should believe the same things we do. When other people do things that don't fit in our jelly mold, we get angry. But each person's jelly mold is different. Imagine ⓐ <u>a star-shaped jelly</u> on a plate. You don't like ⓑ <u>it</u>, so you place your own square jelly mold over ⓒ <u>the star</u> to try to make ⓓ <u>it</u> fit yours. What happens? You make the pretty star look ugly. You cause problems. ⓔ <u>This</u> can happen when we try to force others to fit their beliefs and values with our own.

* jelly mold 젤리 모양을 만드는 틀

Reading & Writing Tip

📑 어려운 개념의 이해를 돕는 Comparison 글

어려운 무언가를 설명할 때, 그것과 아주 비슷하면서 좀 더 이해하기 쉬운 것을 이용하는 경우가 있어요. 예를 들어 심장의 역할을 설명하기 위해 펌프를 언급하는 것처럼요.

The teacher explained that **the human heart** and **a pump** are similar.

(선생님께서는 인간의 심장이 펌프와 비슷하다고 설명하셨다.)

위의 예는 간단히 한 문장으로 언급했지만, 좀 더 설명을 덧붙인다면 하나의 글로 발전할 수 있답니다. 본문도 이러한 글에 해당한다고 할 수 있어요. (→ 01.~04. Summary)

Getting the BIG PICTURE

SUMMARY > 01-04 **Complete the summary by using the words and phrases in the passage for each blank.**

> Hot jelly is shaped by a jelly mold when it becomes 01 _____ .
> We can think of **our own values and beliefs** as 02 _____ .
>   =
> We don't like others' values that are 03 _____ from ours.
> We try to fit others' values into our own jelly molds, which causes
> 04 _____ .

MAIN IDEA > 05 **Which of the following is the writer's main idea?**

① Do not force your values and beliefs on others.
② We should advise people to question their beliefs.
③ We should suggest ways to change others' beliefs.
④ Do not explain to others where your values come from.
⑤ Inform people about different types of jelly molds.

Focusing on DETAILS

REFERENCE > 06 **Which of the following is a "different" among the underlined ⓐ～ⓔ?**

① ⓐ   ② ⓑ   ③ ⓒ   ④ ⓓ   ⑤ ⓔ

---

shape 모양, 형태; (어떤) 모양으로 만들다   pour A into B A를 B에 부어 넣다   firm 단단한, 확고한   a set of 일련의   values 가치관   belief 신념, 믿음
think of A as B A를 B로 생각하다[여기다] (= regard[look upon] A as B. consider A B)   fit (~에) 맞추다   plate 접시   place A over B A를 B
위에 놓다   square 정사각형 (모양의)   force A to+동사원형 A가 ~하도록 강요하다

The passage is probably about ((a) meeting strangers (b) living on an island).

CHAPTER 05

5

Imagine that you live on (a) a big island. No strangers have ever been there. You believe that (b) you and your people are the only human beings in the world. But one day, a ship arrives. It's bigger, faster, and stronger than your small boats. (c) The people on the ship do not look the same as your people. They carry tools you've never seen. The tools have great power. The ship's people stay, and change your land and your life in terrible and unexpected ways. Is it hard to imagine? Then imagine this: space aliens come down from the sky in a space ship as big as a city. They carry strange and powerful machines and weapons. They come to stay and change our world and our lives. That's just what it would be like if you were a native of North America around 400 years ago. That was when the first English people sailed to Virginia. The courage that the American Indians showed and the warm welcome they gave to the English were amazing, when you think about it that way.

* alien 외계인

Getting the BIG PICTURE

SUMMARY >   01-04   **Complete the summary by choosing the correct choice for each blank.**

> Imagine that, one day, a strange ship arrives at your island.
> The strangers on the ship and their tools are 01 _____ to you.
> They 02 _____ your land and your life in terrible ways.
> This happened to the natives of North America when 03 _____ came.
> Amazingly, 04 _____ showed courage with their kindness in that situation.

01   (a) unfamiliar   (b) exciting   (c) useful
02   (a) destroy   (b) change   (c) improve
03   (a) the English   (b) the aliens   (c) the Indians
04   (a) the sailors   (b) the English   (c) the American Indians

TOPIC >   05   **Which of the following is the best topic of the passage?**

① why advanced technology often scares us
② how we imagine contact with aliens would be
③ interesting stories of the Native American Indians
④ the great courage and kindness of early English people
⑤ what it was like when the first English came to North America

Focusing on DETAILS

DETAIL >   06   밑줄 친 (a)~(c)가 뜻하는 것을 〈보기〉에서 찾아 그 기호를 빈칸에 쓰시오.

보기		
① soldiers	② ship owners	③ Eastern people
④ English strangers	⑤ Native Americans	⑥ North America

(a) a big island: _____
(b) you and your people: _____
(c) The people on the ship: _____

human being 인류, 인간   tool 연장, 공구   unexpected 예상치 못한   space ship 우주선   weapon 무기   native 원주민; 원주민의   sail into (배를 타고) ~로 들어오다   courage 용기   amazing 놀라운   that way 그와 같이   **[선택지 어휘]** Eastern people 동양인   Native American 미국 원주민

▶ Grammar & Usage

정답 및 해설 p.44

| 01-04 | 다음 각 네모 안에서 어법에 맞는 표현으로 가장 적절한 것을 고르시오.

01 The Open Source Software movement allows anyone copy / to copy , use, and change software freely.

02 Some British people say it's wrong to give the Queen and her family so much / many wealth and power just because they were born into a certain family.

03 Around 70% of British citizens say the monarchy is good for England because / because of it unites the British people and brings visitors.

04 A jelly mold is a tool for creating shapes out of hot jelly. Each of us has / have a set of values and beliefs that we can think of as our own jelly mold.

| 05-08 | 다음 밑줄 친 부분이 어법상 올바르면 ○, 어색하면 ×로 표시하고 바르게 고치시오.

05 Opencola gives everybody the power to create a no-brand product and to spread the joy of open source sharing.

06 When the jelly cools, it becomes firm and stays in the shape of the mold.

07 We think other people should believe the same things we are.

08 Imagine that space aliens come to stay and change our world and our lives. That's just what it would be like if you are a native of North America around 400 years ago.

| 09-10 | 다음 중 빈칸에 들어갈 알맞은 말을 고르시오.

09 The British monarchy no longer rules the nation, _____ still rules the hearts of most British people.

① because   ② or   ③ although   ④ whether   ⑤ but

10 _____ the problem of failing a math test. Some people will say, "I am simply not good at math." On the other hand, others will say "On which parts of the test do I need to work harder?"

① Considering   ② Consider   ③ Considers
④ To consider   ⑤ Considered

82   리딩 플랫폼 2

Real ENGLISH

VIP는 역시 달라!

◆ ◆ ◆

Issued to
~에게 발급된
issue에는 여러 뜻이 있지만,
'~을 발행하다'란 뜻이 있어요.
VIP고객의 이름을 쓰는 공간이에요.
여러분의 이름을 적어보세요~

VIP Parking
VIP 주차
VIP는 Very Important Person의 줄임말이에
요. park는 '공원'이란 뜻 외에 '(차를) 주차시키
다'란 뜻이 있지요. 매우 중요한 사람에게 이 주
차증을 주나 봐요. 물론, 주차비는 무료겠죠?

VIP PARKING

ISSUED TO: _____

VALID DATES:

Valid Dates
유효날짜
valid는 '타당한'이란 뜻 외에도
'유효한'이란 뜻이 있어요.
아무리 중요한 손님이어도 남의
주차장을 1년 365일
이용할 수는 없겠죠.

Quick Check

Match each word in bold with its meaning.

1

01	common	a. 잘 생각하다, 고려하다
02	feel like	b. ~한 느낌이 있다
03	mixed-up	c. 고정시키다; 고치다, 수선하다
04	consider	d. 지평[수평]선
05	fix	e. 흔한, 일반적인
06	horizon	f. 혼란스러운

2

01	impossible	a. A를 B로 바꾸다
02	put together	b. 불가능한
03	store	c. 경험
04	experience	d. 모으다
05	make[turn] A into B	e. 저장하다

3

01	successful	a. 성공한
02	fit with	b. 운동선수
03	strength	c. 신뢰, 신임
04	whole	d. ~에 맞추다
05	athlete	e. 완전한
06	trust	f. 강점, 장점

4

01	desert	a. 먼 거리의, 거리가 먼
02	bend	b. 거꾸로 된, 뒤집힌
03	upside-down	c. 반사하다
04	sail	d. (바다를) 항해하다
05	distant	e. 사막
06	reflect	f. 굴절되다, 구부러지다

5

01	climate	a. 운동, 활동
02	tend to+동사원형	b. 기후
03	effect on	c. 입증하다, 증명하다
04	destroy	d. ~하는 경향이 있다
05	movement	e. 파괴하다
06	prove	f. ~에 대한 영향, 효과

Chapter
06

Cause / Effect

Cause(원인) / Effect(결과)는 어떤 사건이나 행동이 어떻게 해서
또 다른 사건이나 행동을 불러오는지를 설명하는 글을 말해요.
예를 들어, 저녁 늦게 커피를 마셔서 잠이 오지 않는다고 할 때
원인은 '저녁 늦게 커피를 마신 것'이고 결과는 '잠이 오지 않는 것'이죠.
원인-결과는 이런 일상적인 것 외에도 역사나 과학, 사회 등의
학문에 대한 내용에서도 많이 볼 수 있는 것이랍니다.

The passage is probably about ((a) motion sickness (b) traveling in cars).

CHAPTER 06

1

Motion sickness is a common problem for people traveling in cars, airplanes, and boats. When motion sickness happens, you feel like you are going to vomit. Motion sickness happens when your eyes and the inside parts of your ears send mixed-up signals to your brain. Consider what happens when you read in a car. Because your eyes are ⁰⁴ <u>fixed</u> on the book, they tell your brain that your body is not moving. But as the car jumps up and down, turns, and changes speed, the inside parts of your ears tell your brain that you are moving. The messages from your eyes and ears ⁰⁵ _____, and you get sick. To avoid getting motion sickness, don't read in the car, and keep looking out the window towards the horizon.

*motion sickness 멀미 **vomit 토하다

Reading & Writing Tip

📑 원인-결과?, 결과-원인?

원인, 결과를 설명할 때 언제나 원인이 결과 앞에 나오는 건 아니에요.
결과 → 원인의 순으로 설명하는 경우도 많이 있답니다. 주로 원인에 대한 설명이 더 길고 복잡하거나 더 중요할 때 결과 → 원인의 순으로 설명하죠. 이때 글쓴이가 말하려는 초점은 '결과'보다 '원인'일 경우가 많고요.

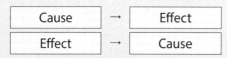

본문에서도 결과를 먼저 언급한 후 원인을 설명하고 있어요.

SUMMARY > 01-02 **Complete the summary by using the phrases in the passage.**

Effect		Cause
People experience 01 _____ _____ in cars, planes, and boats.	←	Your 02 _____ send mixed-up signals to your brain.

TOPIC > 03 **Which of the following is the best topic of the passage?**

① problems with traveling by car

② what causes motion sickness

③ tips for reading in a car

④ why motion sickness is common

⑤ how to prevent vomiting

Focusing on DETAILS

VOCABULARY > 04 **Which of the following has the same meaning as "fixed" in the paragraph?**

(a) When my toy car was broken, my mom fixed it.

(b) He fixed a mirror to the wall.

DETAIL > 05 **Which of the following best fits in the blank?**

① come faster

② give you a headache

③ disagree with each other

④ are changed every time

⑤ are not sent to the brain

---

common 흔한, 일반적인   feel like ~한 느낌이 있다 *cf.* feel like+명사 ~을 갖고 싶다   feel like+-ing ~을 하고 싶다   mixed-up 혼란스러운
signal 신호   consider 잘 생각하다, 고려하다   fix 고정시키다; 고치다, 수선하다   horizon 지평[수평]선   **[선택지 어휘]** prevent 막다, 예방하다
disagree with ~와 일치하지 않다

Look at the first three sentences of the passage.

The passage is probably about ((a) passing time (b) early memories).

CHAPTER 06

2

Do you remember things that happened when you were a baby? Probably you don't. It's almost impossible to remember anything from the first two years of life. And it's very difficult to remember anything from before the age of five. A special part of our brain puts pieces of memories together. But the special part is not fully grown until age three. [05]_____(a)_____, very young children cannot store perfect memories. [05]_____(b)_____, babies do not have many language skills. Language skills are very important for memories. Talking about an experience makes

the experience into a memory. Thinking about experiences can turn them into memories, too. Babies may be able to think about experiences, but they surely can't talk about them!

Reading & Writing Tip

📋 **여러 개의 원인, 여러 개의 결과**

여러 개의 원인이 하나의 결과를 불러올 수도 있고, 반대로 원인은 하나인데 결과가 여러 개일 수도 있겠죠? 반드시 원인 하나, 결과 하나가 설명되는 것은 아니랍니다.

SUMMARY > 01-03 **Complete the summary by choosing the correct choice for each blank.**

Effect
We don't usually have early childhood 01 _____ .

←

Cause
Brains have not fully 02 _____ .
Babies can't 03 _____ yet.

01 (a) memories   (b) friends   (c) pictures
02 (a) recovered   (b) occurred   (c) developed
03 (a) read   (b) talk   (c) understand

TOPIC > 04 **Which of the following is the best topic of the passage?**

① ways to remember early experiences
② how children learn language
③ why we don't remember early memories
④ how the brain stores memories
⑤ what we can learn from our past

Focusing on DETAILS

DETAIL > 05 **Which of the following best fit in blanks (a) and (b)?**

	(a)	(b)
①	Instead	Or
②	So	Also
③	But	Also
④	Instead	For example
⑤	So	For example

impossible 불가능한   brain 뇌   put together 모으다   fully 충분히, 완전히   store 저장하다   perfect 완벽한   skill 능력, 기술   experience 경험   make[turn] A into B A를 B로 바꾸다   surely 확실히, 분명히

Look at the first three sentences of the passage.

The passage is probably about ((a) a basketball coach (b) NBA teams).

CHAPTER 06

3

Phil Jackson was a coach in the National Basketball Association (NBA) in the States. Every team he touched turned to gold. Why? When he became a coach of the Los Angeles Lakers, he gave each team member a different book to read. Each book was chosen by Phil Jackson to fit with a player's own greatest strengths and weaknesses. He viewed his job as being more than just a basketball coach. He saw his players as whole people as well as athletes. Players also gave him a lot of trust. When [05] ⓐ he left the Chicago Bulls, Michael Jordan, a star player in the NBA, said that [05] ⓑ he wouldn't play for any coach [06] but Phil Jackson. Many top business management books include Phil Jackson as an example of somebody with great leadership skills. [07] All of this results in Phil Jackson being known as one of the 'greatest' coaches of all time.

Reading & Writing Tip

📑 **원인-결과 관계를 나타내는 어구 I**

원인-결과를 나타내는 어구를 통해서 무엇이 원인이고 무엇이 결과인지를 좀 더 쉽게 알 수 있을 때도 있어요.

Cause	cause lead to result in create	Effect

Getting the BIG PICTURE

SUMMARY >   01-03   **Complete the summary by using the phrases in the passage.**

Causes
He understood each player's 01 _____ _____.
He respected his players as individual human beings.
He got a lot of 02 _____ from the players.
He was a coach with great 03 _____ ability.

→

Effect
Phil Jackson was the most successful coach in the NBA.

TOPIC >   04   **Which of the following is the best topic of the passage?**

① different types of leadership in sports

② the causes of player improvement

③ why the Chicago Bulls are a famous team

④ how basketball coaches approach a game

⑤ how Phil Jackson became a successful coach

Focusing on DETAILS

REFERENCE >   05   **밑줄 친 ⓐ he와 ⓑ he가 가리키는 사람을 본문에서 각각 찾아 쓰시오.**

ⓐ

ⓑ

VOCABULARY >   06   **Which of the following has the same meaning as "but" in the paragraph?**

(a) Tom wasn't able to eat anything but bananas.

(b) Cynthia is a highly intelligent girl, but she's not kind.

내신서술형 >   07   **밑줄 친 문장을 우리말로 해석하시오.**

---

successful 성공한   coach 코치, 감독   association 협회, 연합   the States 미국   turn to A A로 변하다   fit with ~에 맞추다   strength 강점, 장점 (↔ weakness 약점, 단점)   view[see] A as B A를 B라고 생각하다, 간주하다 (= think of A as B)   whole 완전한   athlete 운동선수   trust 신뢰, 신임   management 경영, 관리   leadership 지도력, 리더십

The passage is probably about ((a) a mirage (b) hot weather).

CHAPTER 06

4

You're in a desert. It is extremely hot. Look up ahead! You can see the blue waters of an oasis! Sadly, it's not real. Seeing an oasis is just a trick caused by extremely hot weather. The trick is called a mirage. On hot days, air high above the ground is
05 <u>cool and thick</u> than the hot air near the ground. The sunlight going toward the ground bends when it moves from the cooler, thicker air into the hotter air. This creates an upside-down image in your eyes. The result is that you can see a mirror image of the sky below the normal image of the sky. To you, the mirror image looks like a lake. Mirages occur at sea, too, with visions of ships sailing across the sky! In these cases, air near the water is coldest. Light waves coming from distant ships are reflected by warmer air higher up, and we see the ships in the sky.

* mirage 신기루 ** mirror image 거울에 비친 이미지

Reading &
Writing Tip

📖 결과-원인 관계를 나타내는 어구 Ⅱ

결과-원인를 나타내는 어구를 통해서 무엇이 원인이고 무엇이 결과인지를 좀 더 쉽게 알 수 있을 때도 있어요.

Effect	is caused by results from is created by	Cause

Getting the BIG PICTURE

SUMMARY > 01-03 **Complete the summary by choosing the correct choice for each blank.**

Effects
You can see a mirage in a desert. (The mirage is a(n) 01 _____ oasis.)
You can also see a mirage in the sky 03 _____ . (The mirage is a ship in the sky.)

Cause
The temperature of the air at different heights is 02 _____ .

01 (a) unreal (b) quiet (c) lifeless

02 (a) unpredictable (b) changeable (c) different

03 (a) over a lake (b) at sea (c) near the ground

TOPIC > 04 **Which of the following is the best topic of the passage?**

① how to tell a mirage from a real oasis

② why our eyes fail us during hot days

③ the cause of unreal images in deserts and at sea

④ similarities between ocean and desert travel

⑤ how mirages were first discovered

Focusing on DETAILS

내신서술형 > 05 **글의 흐름에 맞게 밑줄 친 구를 알맞은 형태로 바꾸시오.**

cool and thick → _____

---

desert 사막   extremely 정말, 매우   look up 얼굴을 들다; 위를 보다   ahead 앞쪽에, 앞으로   oasis 오아시스   trick 환각 (현상), 착각; 속임수   bend 굴절되다, 구부러지다   upside-down 거꾸로 된, 뒤집힌   lake 호수   vision 환영, 환상   sail (바다를) 항해하다   wave ((전파)) 파장   distant 먼 거리의, 거리가 먼   reflect 반사하다

Look at the first three sentences of the passage.

The passage is probably about effects of ((a) environmental problems
(b) climate change).

CHAPTER 06

5

When we think of climate change, we tend to worry about its effects on the environment. Because of this, we sometimes forget its effects on people. As climates change, deserts grow. It becomes harder for many poor people to live. Their food and water can disappear because of the growth of deserts. When deserts grow, good land is destroyed by sand. People need good land and water to grow food and may start wars to get it. But wars make life even worse. Of course, not every war is caused by climate changes. But [06] many are, and the number is expected to grow as climate change happens all over the world. But don't lose hope. Join the movement to stop climate change now, and prove how strong you are. We can become the very people that overcome climate change.

SUMMARY > 01-04 **Complete the summary by using the words or phrases in the passage.**

Cause		Effect
01 _____ happens.	→	It effects not only the environment but also people. ↑ It's harder for the 02 _____ to find food and water. → People start 03 _____, and their lives become even 04 _____.

PURPOSE > 05 **Which of following is the writer's purpose in the passage?**

① 기후 변화가 일어나게 되는 원인을 설명하려고
② 기후 변화를 막기 위해 할 수 있는 방법을 알려주려고
③ 기후 변화가 환경에 미치는 영향을 경고하려고
④ 기후 변화에 대응하기 위한 사람들의 노력을 알려주려고
⑤ 기후 변화를 막기 위한 운동에 참여할 것을 장려하려고

Focusing on DETAILS

DETAIL > 06 **What can be inferred from the passage?**

① The size of deserts is going to shrink.
② Political conflict is the major cause of wars.
③ Poor people are major victims of climate change.
④ Climate change's impact is environmental.
⑤ Young people are losing the fight against climate change.

내신서술형 > 07 **밑줄 친 many are가 뜻하는 의미를 우리말로 쓰시오.**

---

climate 기후 cf. weather 날씨   tend to+동사원형 ~하는 경향이 있다   effect on ~에 대한 영향, 효과   destroy 파괴하다   movement 운동, 활동   prove 입증하다, 증명하다   the very 바로 그   **[선택지 어휘]** political 정치의, 정치적인   major 주요한; 대다수의   victim 희생자

Grammar & Usage

| 01-05 | 다음 각 네모 안에서 어법에 맞는 표현으로 가장 적절한 것을 고르시오.

01 Do you remember things that / what happened when you were a baby? Probably you don't.

02 Phil Jackson was a coach in the National Basketball Association (NBA) in the States. Every team / teams he touched turned to gold.

03 See / Seeing an oasis is just a trick caused by extremely hot weather. The trick is called a mirage.

04 When deserts grow, good land is destroyed by sand. People may start wars to get good land and water to grow food. But wars make life very / even worse.

05 As climates change, deserts grow. It becomes harder for / of many poor people to live.

| 06-08 | 다음 밑줄 친 부분이 어법상 올바르면 ○, 어색하면 ×로 표시하고 바르게 고치시오.

06 Phil Jackson viewed his job as <u>be</u> more than just a basketball coach.

07 Thinking about experiences can turn <u>them</u> into memories.

08 On hot days, air high above the ground is cooler and <u>thick</u> than the hot air near the ground.

| 09-10 | 다음 중 빈칸에 들어갈 알맞은 말을 고르시오.

09 Phil Jackson saw his players as whole people as well _____ athletes.

① as   ② to   ③ by   ④ for   ⑤ with

10 Join the movement to stop climate change now, and prove _____ strong you are.

① who   ② what   ③ how   ④ where   ⑤ when

Real ENGLISH

비상시 대피요령

Pull the Emergency Stop Handle
비상손잡이를 잡아당기세요.
emergency는 '비상사태, 위급상황'이란 뜻이에요.
그럼, 응급실은 뭐라고 할까요?
emergency room!
참 쉽죠~!

To stop the train

Pull the Emergency Stop handle above carriage window

If an exterior door is not shut and the train is moving
- stop the train

If you can see a fire
- stop the train

After pulling the emergency stop handle get help from the train staff.

Escape

The safest place in most emergencies is on the train

Do NOT get off unless told to by the staff. If in danger it is safer to move along the train

To escape if the door is locked pull the green ESCAPE handle then use the outside handle

To escape through a window get a hammer then smash the corner of the window

Do not get off the train onto a track unless instructed by the train staff

Escape
대피
이 대피 방법을 잘 따라야, 지하철에서 위급상황 시
안전하게 대피할 수 있습니다.
맘이 급하다고 함부로 다른 철로로 뛰어들지 마세요!

memo

memo ✍

memo

중학 서술형에 대비 하는 방법?! 영어 문장 쓰기를 잘 하는 방법?!

쓰작으로 시작!

강남구청
인터넷 수능방송
강의 교재

- **중학 교과서 대표 문장 및 서술형**
  핵심 문법 포인트 제시

- **체계적인 3단계 쓰기 연습**
  순서배열 ▶ 빈칸완성 ▶ 내신기출

- **중학 14종 내신 서술형 평가**
  유형 완전 분석

- **기출 포인트와 감점 포인트로**
  오답이나 감점 피하기

🔍 한 페이지로 끝내는 서술형 대비! 쓰작

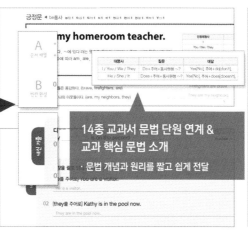

체계적인 3단계 쓰기 훈련
· 순서 배열 – 빈칸 완성 – 내신 기출
  실제 내신 기출 유형을
  반영한 문장들로
  효과적인 서술형 대비 가능

14종 교과서 문법 단원 연계 &
교과 핵심 문법 소개
· 문법 개념과 원리를 짧고 쉽게 전달

감점포인트 & 기출 포인트
· 틀리기 쉬운 표현과 시험에 자주
  나오는 문장 체크

쎄듀북닷컴(www.cedubook.com)에서 부가 자료를 무료로 다운로드할 수 있습니다.

CEDU
BOOK 쎄듀

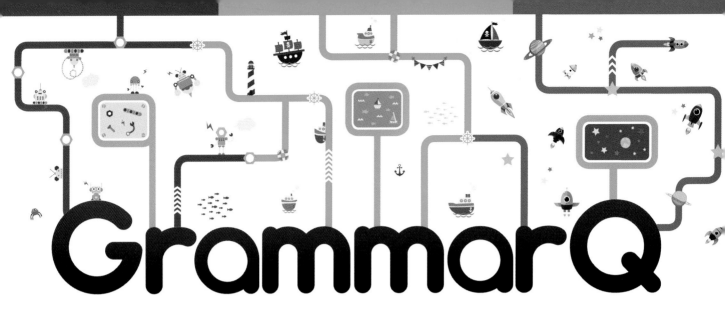
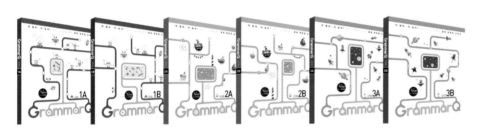

중학 내신
수험영어독해의
기초실력 다지기

리딩 플랫폼

READING
PLATFORM

101 NON-FICTION TEST-ORIENTED PASSAGES
WITH GUIDED SUMMARIZATION

2 / 패턴편

정답 및 해설

READING PLATFORM

READING
PLATFORM

101 NON-FICTION TEST-ORIENTED PASSAGES
WITH GUIDED SUMMARIZATION

2 / 패턴편

Quick Check

본문 p.10

❶	❷	❸	❹	❺	❻
01. b	01. e	01. a	01. b	01. b	01. d
02. f	02. b	02. f	02. d	02. c	02. a
03. e	03. d	03. b	03. a	03. e	03. c
04. c	04. c	04. c	04. c	04. a	04. e
05. d	05. a	05. e		05. d	05. b
06. a		06. d			

1

Before Reading	(a)	본문 p.12
Getting the BIG PICTURE	01 (a) 02 (c) 03 (b) 04 ④	
Focusing on DETAILS	05 (b)	

해설 & 해석

Before Reading

지문의 처음 세 문장을 읽어보세요.
아마도 이 지문은 '(a) 노란색'에 관한 내용일 것이다.
(a) 노란색 (b) 노란색의 종류

Getting the BIG PICTURE

노란색은 01 (a) 넓은 범위의 의미를 지닌다.
(a) 넓은 (b) 유사한 (c) 제한된
몇몇은 긍정적이고 또 다른 몇몇은 부정적이다.

긍정적인 의미		부정적인 의미
노란색은 금, 태양, 왕권, 행복의 색이다.	↔	노란색은 또한 나약함과 부정직의 색이기도 하다.
		의료계에서는 02 (c) 질병과 연관이 되어있다.
		자연에서 노란색은 03 (b) 죽어가는 것의 징조이다.

02 (a) 치료 (b) 건강 (c) 질병

03 (a) 변화 (b) 죽어가는 것 (c) 위험

04 노란색은 여러 다양한 상징과 의미를 지닌 색으로 긍정적인 면과 부정적인 면 모두를 갖고 있다는 내용이므로 정답은 ④.

Focusing on DETAILS

05 본문의 characters는 '등장인물'이라는 뜻. 따라서 정답은 (b).
(a) 바트만 씨는 좋은 성격을 지닌 사람이었다.
(b) 이 책 속에서 네가 가장 좋아하는 등장인물이 누구니?
(c) 중국어는 글자가 몇 개 있니?

직독직해

¹Yellow has many different meanings. ²For example, warm yellow is
　　　노란색은 여러 다른 의미를 지니고 있다.　　　　　　예를 들어, 따뜻한 노란색은

the color of precious gold and the life-giving sun, // which are positive
　　　값비싼 금과 생명을 불어넣는 태양의 색이다　　　　　　이는 모든 문화에서

해석

¹노란색은 여러 다른 의미를 지니고 있다. ²예를 들어, 따뜻한 노란색은 값비싼 금과 생명을 불어넣는 태양의 색인데, 이는 모든 문화에서 긍

things in every culture. ³In China, yellow is a symbol of royalty,
긍정적인 것들이다.   중국에서 노란색은 왕권,

excellence, youth, happiness, and new life. ⁴However, at the same
뛰어남, 젊음, 행복, 그리고 새로운 생명의 상징이다.   하지만, 동시에

time, / it can mean weakness and lack of courage. ⁵In Chinese theater,
노란색은 나약함과 용기 부족을 의미할 수 있다.   중국의 연극에서,

/ characters that cannot be trusted / wear yellow make-up. ⁶In the area
신뢰할 수 없는 등장인물은   노란색 분장을 한다.

of medicine, / yellow skin tone can be a sign of illness and disease.
의료계에서는   노란 피부색이 질병의 징조일 수 있다.

⁷This may explain // why dangerous medical waste is thrown away in
이러한 점은 설명할 수도 있다.   위험한 의료 폐기물이 노란색 용기에 담겨서 버려지는 이유를

yellow containers. ⁸In another negative aspect, / yellow is the color of
또 다른 부정적 측면으로는   노란색이 시들어가는 나뭇잎의 색이다

dying leaves, / and therefore death.
따라서 죽음을 의미한다.

정적인 것들이다. ³중국에서 노란색은 왕권, 뛰어남, 젊음, 행복, 그리고 새로운 생명의 상징이다. ⁴하지만, 동시에 노란색은 나약함과 용기 부족을 의미할 수 있다. ⁵중국의 연극에서, 신뢰할 수 없는 등장인물은 노란색 분장을 한다. ⁶의료계에서는 노란 피부색이 질병의 징조일 수 있다. ⁷이러한 점이 위험한 의료 폐기물이 노란색 용기에 담겨서 버려지는 이유일 수도 있다. ⁸또 다른 부정적 측면으로는 노란색이 시들어가는 나뭇잎의 색이고, 따라서 죽음을 의미한다는 것이다.

구문해설

2   For example, warm yellow is the color of <u>precious gold and the life-giving sun</u>, **which** are positive things in every culture.
▶ which는 앞의 precious gold and the life-giving sun을 의미한다.

5   In Chinese theater, **characters** [**that** cannot be trusted] wear yellow make-up.
           S   V
▶ that절이 characters를 수식하여 주어가 길어진 구조.

2

Before Reading	(a)
Getting the BIG PICTURE	01 (b) 02 (a) 03 (c) 04 ②
Focusing on DETAILS	05 (a)

본문 p.14

해설 & 해석

Before Reading

지문의 처음 세 문장을 읽어보세요.
아마도 이 지문은 '(a) 새의 둥지'에 관한 내용일 것이다.
(a) 새의 둥지 (b) 새의 깃털

Getting the BIG PICTURE

요지: 각각의 새 종은 둥지를 짓는 01 (b) 독특한 방법을 지니고 있다.
(a) 안전한 (b) 독특한 (c) 쉬운

	재료	02 (a) 모양	장소
예1. 휘파람새	진흙	솥 모양	
예2. 산까치		바구니	나뭇가지 아래
예3. 다른 종류의 새			03 (c) 땅 위나 아래
예4. 흰제비갈매기	둥지 없음		

02 (a) 모양 (b) 양식 (c) 부품

03 (a) 잔디 (b) 나무 (c) 땅

04 지문에 가장 적절한 제목을 고르는 문제이다. 여러 다른 새와 각각의
종이 지닌 고유의 둥지 형태를 설명하고 있으므로 정답은 ②.
① 새의 둥지: 작은 기적
② 다른 새, 다른 둥지
③ 새의 둥지를 관찰하는 데 유용한 조언
④ 새 둥지의 디자인과 기능
⑤ 가장 기이하게 아름다운 새 둥지

Focusing on DETAILS

05 산까치는 중앙에 출입문으로 쓰이는 구멍이 있는 바구니 모양의 둥지
를 짓는다(Weavebirds build ~ for a door)고 했고 둥지가 나뭇
가지 끝에 걸려 있다(hang from the ends of tree branches)고
했으므로 정답은 (a).

¹Different bird species / build different kinds of nests. ²For example,
다양한 종류의 새들이　　　다양한 종류의 둥지를 짓는다.　　　예를 들어

ovenbirds are named after / the oven-like shape of their nests. ³The
휘파람새는 이름이 지어졌다　　　　솥 모양의 둥지 형태를 따서.

ovenbird uses mud to build its nest. ⁴Male and female ovenbirds put
휘파람새는 진흙을 사용해 둥지를 짓는다.　　　수컷과 암컷 휘파람새는 진흙을 모은다

mud together, / and then let the mud dry in the sun. ⁵The sun makes
그러고 나서 햇볕에 말린다.

the mud hard and strong, / like an oven. ⁶Weaverbirds build nests //
태양은 진흙을 단단하고 강하게 해준다　　　솥처럼.　　　산까치는 둥지를 짓는다

that look like baskets / with a hole in the middle for a door.
바구니처럼 보이는　　　출입문 용도로 중앙에 구멍이 있는.

⁷Weaverbirds' nests hang from the ends of tree branches // and look
산까치의 둥지는 나뭇가지의 끝에 걸려 있고

very pretty. ⁸Other birds build nests on the ground, // and others make
모양이 매우 예쁘다.　　　다른 새들은 땅 위에 둥지를 짓는다.　　　그리고 또 다른 새들은 둥지를 짓는다

their homes / in holes under the ground. ⁹And some birds do not build
땅 아래 있는 구멍에.　　　그리고 몇몇 새들은 둥지를 전혀 틀지 않는다.

nests at all. ¹⁰The fairy tern lays its eggs right on a branch. ¹¹It walks
흰제비갈매기는 나뭇가지 바로 위에 알을 낳는다.

very gently on the branch // and balances its eggs very carefully /
그 새는 나뭇가지 위를 사뿐히 걸으면서　　　매우 조심스럽게 알의 균형을 잡는다

so they won't fall.
알이 떨어지지 않도록.

¹다양한 종류의 새들이 다양한 종류의 둥지를 짓는다. ²예를 들어, 휘파람새는 솥 모양의 둥지 형태를 따 이름이 지어졌다. ³휘파람새는 진흙을 사용해 둥지를 짓는다. ⁴수컷과 암컷 휘파람새는 진흙을 모은 후, 햇볕에 말린다. ⁵태양은 진흙을 솥처럼 단단하고 강하게 해준다. ⁶산까치는 바구니 모양의 둥지를 짓는데 (이 둥지는) 중앙에 출입문으로 사용하기 위한 구멍이 뚫려 있다. ⁷산까치의 둥지는 나뭇가지의 끝에 걸려 있고 모양이 매우 예쁘다. ⁸다른 새들은 땅 위에 둥지를 짓고, 또 다른 새들은 땅 아래 있는 구멍에 둥지를 짓는다. ⁹그리고 몇몇 새들은 둥지를 전혀 틀지 않는다. ¹⁰흰제비갈매기는 나뭇가지 바로 위에 알을 낳는다. ¹¹그 새는 나뭇가지 위를 사뿐히 걸으면서 알이 떨어지지 않도록 매우 조심스럽게 알의 균형을 잡는다.

구문해설

5　The sun **makes** *the mud* **hard and strong**, like an oven.
　　　　　　　 V　　　 O　　　　 C
　　▶ 여기서 make는 '~을 …한 상태가 되게 하다'의 뜻으로 「make+목적어+형용사」 구조. 여기서 like는 '~처럼'이란 뜻의 전치사.

6　Weaverbirds build **nests** [**that** look like baskets / with a hole in the middle for a door].
　　　　 S　　　 V　　 O
　　▶ that 이하가 nests를 수식하여 목적어가 길어졌다.

해설 & 해석

Before Reading

지문의 처음 두 문장을 읽어보세요.

아마도 이 지문은 '(b) 우리가 보는 것'에 관한 내용일 것이다.

(a) 우리의 일　(b) 우리가 보는 것

우리는 우리가 보길 원하는 것을 본다.
예: 두 명의 근로자는 02 (a) 같은 일에서 01 (b) 다른 것을 본다.
한 사람은 일의 03 (c) 나쁜 부분을 본다.
다른 사람은 좋은 부분을 본다.
→ 이 사실은 인생의 모든 면에서 같다.

04 (d) 긍정적인 자세는 모든 것을 변화시킨다.

> (a) 같은   (b) 다른   (c) 나쁜   (d) 긍정적인

05 주제와 가장 어울리는 속담이나 명언을 고르는 문제이다. 긍정적인 관점으로 인생을 바라보면 새로운 의미를 찾을 수 있다고 했으므로 정답은 ②.
① 백문이 불여일견이다.
② 긍정적으로 생각하라.

③ 급할수록 돌아가라.
④ 돌다리도 두드려 보고 건너라.
⑤ 근면은 누구에게도 피해를 주지 않는다.

06 빈칸에 알맞은 말을 고르는 문제이다. 같은 일을 하지만 삶에 대한 관점이 다른 두 사람의 말을 비교하고 있다. 인생을 긍정적으로 본다면 인생이 귀하고 놀라운 것이 된다(Life is precious ~ that way.)고 했으므로, 관점을 바꾸면 인생의 평범하고 사소한 것에서 '완전히 새로운 의미'를 찾을 수 있다고 해야 자연스럽다. 따라서 정답은 ④.
① 매우 좋은 생각
② 매우 쉬운 방법
③ 어떤 오래된 진실
④ 완전히 새로운 의미
⑤ 완전히 똑같은 결과

직독직해

¹We see what we want to see.
우리는 우리가 보길 원하는 것을 본다.

²For example, a reporter met two workers on a building site.
예를 들어, 한 기자가 건축 현장에서 두 명의 근로자를 만났다.

³She asked the first worker, // "What are you doing?"
그녀는 첫 번째 근로자에게 물었다.   "지금 무엇을 하고 계신가요?"

⁴He said, // "I work like a slave.
그는 말했다   나는 노예처럼 일하고 있어요.

⁵I don't get paid enough money.
나는 돈을 충분히 받지도 못해요.

⁶Every day I just waste my time, / placing one brick on top of another."
매일 나는 시간만 낭비하고 있어요   벽돌만 차곡차곡 쌓으면서요.

⁷The reporter asked the second worker the same question.
그 기자는 두 번째 근로자에게 같은 질문을 했다.

⁸"I'm the luckiest man in the world," said the second worker.
"나는 세상에서 가장 운이 좋은 사람이에요"라고 두 번째 근로자가 말했다.

⁹"I get to play a part in creating buildings that are important and beautiful."
"나는 중요하고 아름다운 건물들을 짓는 데 일조할 수 있게 되었어요."

¹⁰Both men were right.
두 남자는 모두 옳았다.

¹¹If you search for ugly and bad things, // you'll find them everywhere.
당신이 불쾌하고 좋지 않은 것을 찾는다면,   당신은 곳곳에서 그러한 것들을 발견하게 될 것이다.

¹²It's just as true // that you can choose to see and amazing things everywhere, / like the second worker.
마찬가지로 사실이다   당신이 곳곳에서 놀라운 것을 (찾아) 볼 수 있다   두 번째 근로자처럼.

¹³He looks at his bricks and sees the beautiful buildings they make.
그 사람은 벽돌을 바라보며 그 벽돌이 만드는 아름다운 건물을 본다.

¹⁴Life is precious and amazing // if you choose to see it that way.
인생은 소중하고 놀라워진다   당신이 인생을 그런 식으로 보고자 한다면.

¹⁵When you change your view, // you can find a whole new meaning / in the ordinary and small things in life.
당신의 관점을 바꾸면   당신은 완전히 새로운 의미를 찾을 수 있다   인생의 평범하고 사소한 것에서.

해석

¹우리는 우리가 보길 원하는 것을 본다. ²예를 들어, 한 기자가 두 명의 근로자를 만났다. ³그녀는 첫 번째 근로자에게 물었다. "지금 무엇을 하고 계신가요?" ⁴그는 말했다. "나는 노예처럼 일하고 있어요. ⁵나는 돈을 충분히 받지도 못해요. ⁶매일 나는 시간만 낭비하고 있어요. 벽돌만 차곡차곡 쌓으면서요." ⁷그 기자는 두 번째 근로자에게 같은 질문을 했다. ⁸"나는 세상에서 가장 운이 좋은 사람이에요"라고 두 번째 근로자가 말했다. ⁹"나는 중요하고 아름다운 건물들을 짓는 데 일조할 수 있게 되었어요." ¹⁰그 두 남자는 모두 옳았다. ¹¹당신이 불쾌하고 좋지 않은 것을 찾는다면, 당신은 곳곳에서 그러한 것들을 발견하게 될 것이다. ¹²마찬가지로 당신이 두 번째 근로자처럼 곳곳에서 놀라운 것을 (찾아) 볼 수 있는 것도 사실이다. ¹³그 사람은 벽돌을 바라보며 그 벽돌이 만드는 아름다운 건물을 본다. ¹⁴당신이 인생을 그런 식으로 보고자 한다면, 인생은 소중하고 놀라워진다. ¹⁵당신의 관점을 바꾸면, 당신은 인생의 평범하고 사소한 것에서 완전히 새로운 의미를 찾을 수 있다.

6 Every day I just waste my time, **placing** one brick on top of another.

　▶ placing 이하는 '~하면서'란 뜻으로 앞의 동작(waste)과 동시적으로 발생하는 동작을 나타내는 분사구문.

4

Before Reading	(a)				본문 p.18
Getting the BIG PICTURE	01 (a)　02 (b)　03 (b)　04 (b)　05 ⑤
Focusing on DETAILS	06 Ceres, Eris

해설 & 해석

Before Reading

지문의 처음 세 문장을 읽어보세요.
아마도 이 지문은 '(a) 암기 비결'에 관한 내용일 것이다.
(a) 암기 비결　(b) 유용한 단어

Getting the BIG PICTURE

니모닉(기억술)은 무언가를 기억하는 데에 01 (a) 도움을 준다.
(a) 도움을 주는　(b) 어려운
니모닉은 물체 목록의 02 (b) 첫 글자로 만들어질 수 있다.
(a) 중요한　(b) 첫
예1 명왕성이 우리 태양계의 9개 행성들 중 하나였을 때, 우리는 피자에 관한 니모닉(기억술)을 03 (b) 이용할 수 있었다.
(a) 잊다　(b) 이용하다
예2 명왕성과 두 개의 다른 왜소행성을 04 (b) 포함하는 새로운 니모닉(기억술)이 있다.
(a) 바꾸다　(b) 포함하다

05　지문에 가장 적절한 제목을 고르는 문제이다. 니모닉(기억술)이 무엇인지 설명한 후에 태양계 행성 순서를 쉽게 기억하는 방법을 소개하고 있다. 따라서 정답은 ⑤.
　① 어려운 수수께끼를 푸는 방법
　② 행성들의 새로운 순서
　③ 얼마나 많은 행성들이 태양계에 있는가?
　④ 우주에 있는 행성들의 특징
　⑤ 행성의 순서를 기억하기에 좋은 방법

Focusing on DETAILS

06　밑줄 친 them은 새로운 암기술에 포함되어야 할 작은 두 행성 케레스와 에리스(Ceres and Eris)를 가리킨다.

직독직해

¹One memory trick, called a mnemonic, / is very useful.
　니모닉이라고 불리는 한 가지 기억 요령은　　매우 유용하다.

²It's a sentence made of words // that begin with the same letters as the things you need to remember.
　니모닉은 단어들로 만든 문장이다　　당신이 기억해야 하는 것과 같은 글자로 시작하는.

³Until 2006, / you could have used / My Very Excellent Mother Just Sent Us Nine Pizzas (Mercury, Venus, Earth, Mars, Jupiter, Saturn, Uranus, Neptune, Pluto).
　2006년까지,　당신은 사용했을 수도 있다　My Very Excellent Mother Just Sent Us Nine Pizzas (수성, 금성, 지구, 화성, 목성, 토성, 천왕성, 해왕성, 명왕성)를.

⁴But then, / the International Astronomical Union decided // that Pluto is only a dwarf planet.
　그러나 그 후에,　국제천문연맹은 규정지었다　명왕성이 단지 왜소행성에 불과하다고.

⁵Ceres and Eris are dwarf planets in our solar system too.
　케레스와 에리스 역시 우리 태양계에 있는 왜소행성이다.

⁶A magazine, *National Geographic*, held a competition / to find a new
　내셔널 지오그래픽 잡지사는 대회를 열었다

해석

¹니모닉이라고 불리는 한 가지 기억 요령은 매우 유용하다. ²니모닉은 당신이 기억해야 하는 것과 같은 글자로 시작하는 단어들로 만든 문장이다. ³2006년까지, 당신은 'My Very Excellent Mother Just Sent Us Nine Pizzas (수성, 금성, 지구, 화성, 목성, 토성, 천왕성, 해왕성, 명왕성)'를 사용했을 수도 있다. ⁴그러나 그 후에, 국제천문연맹은 명왕성이 단지 왜소행성에 불과하다고 결정 내렸다. ⁵케레스와 에리스 역시 우리 태양계에 있는 왜소행성이다. ⁶내셔널 지오그래픽 잡지사는 이 왜소행성들까지 포함하는 새로운 니모닉을 찾는 대회를 열었다. ⁷열 살짜리 마린 스미스는 다음과 같은 니모닉을 만들었다. 'My Very Exciting Magic Carpet Just Sailed Under Nine Palace Elephants (수

---

mnemonic including them as well. ⁷Ten-year-old Maryn Smith made
이 왜소행성들을 또한 포함하는 새로운 니모닉을 찾는.   열 살짜리 마린 스미스는 다음과 같은 니모닉을 만들었다

this: My Very Exciting Magic Carpet Just Sailed Under Nine Palace
My Very Exciting Magic Carpet Just Sailed Under Nine Palace Elephants (수성, 금성, 지구, 화성,

Elephants (Mercury, Venus, Earth, Mars, Ceres, Jupiter, Saturn,
케레스, 목성, 토성, 천왕성, 해왕성, 명왕성, 에리스)라는.

Uranus, Neptune, Pluto, Eris).

성, 금성, 지구, 화성, 케레스, 목성, 토성, 천왕
성, 해왕성, 명왕성, 에리스)라는.

구문해설

2 ~ that begin with **the same** letters as *the things* [you need to remember].

▶ 「the same A as B」는 'B와 같은 A'란 뜻. you 이하가 the things를 수식하고 있다.

3 Until 2006, you **could have used** ~.

▶ 「could have p.p.」는 '~했을 수도 있다'란 뜻으로 '과거'에 대한 가능성이나 추측을 나타낸다.

5

Before Reading   (a)   본문 p.20

Getting the BIG PICTURE   01 (c) 02 (a) 03 (b) 04 ③

Focusing on DETAILS   05 ⑤   06 당신이 진심으로 생각하는 것은 그들이 듣고 싶어 하는 말이 아니다

해설 & 해석

Before Reading

지문의 처음 세 문장을 읽어보세요.
아마도 이 지문은 '(a) 소통에 관한 내용일 것이다.
(a) 소통 (b) 누군가의 몸무게를 묻는 것

Getting the BIG PICTURE

사람들은 가끔 우리에게 그들이 어떻게 01 (c) 보이는지 묻는다.
(a) 느끼다 (b) 들리다 (c) 보이다
그들은 02 (a) 더 기분 좋게 느끼고 싶기 때문에 이렇게 한다.
(a) 더 기분 좋게 느끼다 (b) 체중을 감량하다 (c) 스타일을 바꾸다
우리는 특히 친구들에게는 항상 최대한 03 (b) 예의 바르게 대답해야 한다.
(a) 빠르게 (b) 예의 바르게 (c) 창의적으로
예: 너의 친구가 자신에게 뚱뚱해 보이는 파란 치마를 입어 본다.
　너는 말한다. "녹색 치마가 너에게 잘 어울려."

04 빈칸에 알맞은 말을 고르는 문제이다.
요약문: 당신의 친구들이 자신이 어떻게 보이는지 물어볼 때, 솔직할 필
요는 없다.

누가 자신의 외모에 대한 질문을 했을 때, 생각하는 바를 그대로 답해
주는 것은 그 사람이 원하는 대답이 아니라는 내용. 따라서 빈칸에는
'솔직하게 대답해 줄 필요는 없다'란 내용이 되어야 적절.
① 조용한 ② 예의 바른 ③ 솔직한 ④ 걱정하는 ⑤ 두려워하는

Focusing on DETAILS

05 빈칸 앞부분에서 그들은 질문조차 하지 않을 수도 있다(they don't ~
question)는 내용이 나오고 빈칸 뒤로 질문하는 것을 대신할 만한 말
에 관해 얘기하고 있으므로 정답은 ⑤.
① 게다가
② 그러므로
③ 간략히 말하면
④ 다시 말해서
⑤ 대신에

06 what이 이끄는 명사절이 각각 주어와 보어로 쓰였다. 여기서 what은
'~하는 것'이란 뜻이므로 '당신이 진심으로 생각하는 것은 그들이 듣고
싶어 하는 말이 아니다'가 정답.

직독직해

¹What should you say // if someone asks you, "Do I look fat?" ²People
당신은 어떻게 말해야 하는가   만약 누가 당신에게 "나 뚱뚱해 보여?"라고 묻는다면?

해석

¹만약 누가 당신에게 "나 뚱뚱해 보여?"라고 묻
는다면 당신은 어떻게 말해야 하는가? ²이러한

who ask this question / want to be told they look nice. ³They are saying
이러한 질문을 하는 사람들은   자신이 먼저 보인다는 말을 듣길 원한다.   그들은 당신에게 (~라고) 말하고 있다.

to you, // "Please help me to feel good about myself." ⁴Sometimes, they
                "제발 내가 나 자신에게 만족할 수 있도록 도와줘."   때때로, 그들은

don't even ask a question. ⁵Instead, they may just say, // "Oh my God!
질문조차 하지 않는다.   대신, 그들은 단지 이렇게 말할지 모른다.   "세상에, 난 정말 뚱뚱해 보여!"

I look so fat!" ⁶Other times, they may start saying to you, // "I want to
                또 어떤 때에는, 당신에게 이렇게 말하기 시작할지 모른다.   "나는 네가

hear what you really think." ⁷But don't be fooled! ⁸What you really
진심으로 생각하는 바를 듣고 싶어."   하지만 속지 마라!   당신이 진심으로 생각하는 것은

think / is not what they want to hear. ⁹It's especially important to be
        그들이 듣고 싶어 하는 말이 아니다.   친한 친구에게 조심하는 것은 특히 중요하다.

careful with close friends. ¹⁰And even when it is okay to say what you
                        그리고 당신의 솔직한 생각을 말하는 것이 괜찮을 때조차도,

really think, // you should say it as nicely as you can. ¹¹For example,
        할 수 있는 한 기분 좋게 말해야 한다.   예를 들어,

imagine that // you are shopping with a friend. ¹²She tries on different
(~라고) 상상해 봐   당신이 친구와 쇼핑을 하고 있다고.   그녀는 여러 치마를 입어보고

skirts // and asks you what you think. ¹³Do say, "The green one looks
당신이 어떻게 생각하는지를 묻는다.   "녹색 치마가 너에게 잘 어울려."라고 말해라.

great on you." ¹⁴Do not say, "Your hips and legs are too fat for the blue
                "그 파란색 치마를 입기에는 네 엉덩이와 다리가 너무 뚱뚱해."라고 말하지 마라.

skirt."

질문을 하는 사람들은 자신이 먼저 보인다는 말을 듣길 원한다. ³그들은 당신에게 "제발 내가 나 자신에게 만족할 수 있도록 도와줘."라고 말하고 있다. ⁴때때로, 그들은 질문조차 하지 않는다. ⁵대신, 그들은 단지 "세상에, 난 정말 뚱뚱해 보여!"라고 말할지 모른다. ⁶또 어떤 때에는, 당신에게 "나는 네가 진심으로 생각하는 바를 듣고 싶어."라고 말하기 시작할지 모른다. ⁷하지만 속지 마라! ⁸당신이 진심으로 생각하는 것은 그들이 듣고 싶어 하는 말이 아니다.

⁹친한 친구에게 조심하는 것은 특히 중요하다. ¹⁰당신의 솔직한 생각을 말하는 것이 괜찮을 때조차도 당신은 할 수 있는 한 기분 좋게 말해야 한다. ¹¹예를 들어, 당신이 친구와 쇼핑을 하고 있다고 상상해 봐라. ¹²그녀는 여러 치마를 입어보고 당신이 어떻게 생각하는지를 묻는다. ¹³"녹색 치마가 너에게 잘 어울려."라고 말해라. ¹⁴"그 파란색 치마를 입기에는 네 엉덩이와 다리가 너무 뚱뚱해."라고 말하지 마라.

구문해설

2 **People [who** ask this question] **want** to be told (that) they look nice.
      S   V   O
   ▶ People ~ question이 주어, want가 동사, to be told 이하가 목적어이다. 「be told」는 tell의 수동태로 '~을 듣다'란 뜻.

10 And even when **it** is okay **to say** what you really think, you should say it **as** *nicely* **as you can.**
                   가주어   진주어
   ▶ 「as ~ as+주어+can」은 '가능한 ~하게'란 뜻. 「as ~ as possible」과 바꿔 쓸 수 있다.

본문 p.22

6
Before Reading   (a)
Getting the BIG PICTURE   01 (b) 02 (b) 03 (c) 04 ④
Focusing on DETAILS   05 ③ 06 ③ 07 (c)

해설 & 해석

Before Reading

지문의 처음 두 문장을 읽어보세요.
아마도 이 지문은 비슷한 사람들은 (a) 서로에게 끌린다는 사실에 관한 내용일 것이다.
(a) 서로에게 끌린다 (b) 친환경적이게 된다

Getting the BIG PICTURE

사람들은 주로 01 (b) 비슷한 사람들과 데이트한다.
(a) 환경보호론자 (b) 비슷한 (c) 사려 깊은
예를 들어, 환경보호론자는 다른 환경보호론자와 데이트하는 것을 좋아한다, 친환경적 데이트.

예1: 활동적이고 02 (b) 야외에서 하는 데이트를 계획하는 것
    (a) 다정한　(b) 야외의　(c) 인기 있는

예2: 환경을 위해 03 (c) 중고 옷을 사는 것
    (a) 새로운　(b) 예쁜　(c) 중고의

예3: 좋은 두 번째 데이트를 위해 대중교통을 이용하여 소풍 가는 것

04 주제와 가장 어울리는 속담을 고르는 문제이다. 첫 문장에서 우리는 같은 방식으로 생각하는 사람들에게 매력을 느낀다(We're often ~ we do.)고 했고 이에 대한 예시가 이어지므로 정답은 ④.

05 이 글은 친환경적 데이트에 관한 글이다. 극장에서 하는 데이트보다는 자전거를 타거나 도보 여행을 하라고 권했으므로 극장 데이트를 긍정적으로 언급하는 ③은 흐름에 맞지 않는 내용.

06 꽃에 대한 언급은 없으므로 정답은 ③.

07 본문의 close는 '가깝게, 가까이에'란 뜻. 정답은 (c).
    (a) 그녀는 눈을 감았다.
    (b) 문을 조용히 닫아라.
    (c) 그녀는 그에게 가까이 다가갔다.

직독직해

¹We're often attracted to / people who think the same way we do.
우리는 종종 매력을 느낀다.　　우리와 같은 방식으로 생각하는 사람들에게.

²If you consider yourself a greenie // and the environment is important
당신이 자신을 환경보호론자로 여기고　　환경이 당신에게 중요하다고 생각한다면,

to you, // you'll probably be attracted to other greenies, // and prefer
당신은 아마도 다른 환경보호론자들에게 매력을 느낄 것이고

to go on a "green date", too. ³A green date is a good way / to get to
역시 "친환경적 데이트"를 선호할 것이다.　　친환경적 데이트는 좋은 방법이다

know someone and help the Earth. ⁴Instead of seeing a movie, // go
어떤 사람을 알아가고 지구를 돕는　　영화를 보는 대신

biking or hiking. ⁵You'll get to know the girl or boy better this way //
자전거를 타거나 도보 여행을 가라.　　당신은 이런 식으로 그 여자아이 혹은 남자아이에 대해 더 잘 알게 될 것이다

than sitting in a movie theater. ⁶Sitting close to your partner in a
극장에 앉아 있는 것보다.　　극장에서 당신의 파트너 옆에 가까이 앉아 있는 것은

movie theater / can be very romantic. ⁷Want to wear something special
매우 낭만적일 수 있다.　　데이트를 위해 뭔가 특별한 것을 입기를 원하는가?

for the date? ⁸Go to a second-hand store / instead of shopping at the
　　중고 상점으로 가라　　쇼핑몰에서 쇼핑하는 대신.

mall. ⁹What about a second date? ¹⁰Surprise your green partner / with
두 번째 데이트는 어떻게 할까?　　환경보호론자인 당신의 데이트 상대를 놀라게 하라

a well-planned date // that includes a train or bus ride to a picnic, /
잘 계획된 데이트로　　기차나 혹은 버스로 가는 소풍을 포함하는

and a nature walk in the sunset!
그리고 해 질 녘에 자연 속에서 산책하는 (것을 포함하는)!

해석

¹우리는 우리와 같은 방식으로 생각하는 사람들에게 종종 매력을 느낀다. ²당신이 자신을 환경보호론자로 여기고 환경이 당신에게 중요하다고 생각한다면, 당신은 아마도 다른 환경보호론자들에게 매력을 느낄 것이고 역시 "친환경적 데이트"를 선호할 것이다. ³친환경적 데이트는 어떤 사람을 알아가고 지구를 돕는 좋은 방법이다. ⁴영화를 보는 대신 자전거를 타거나 도보 여행을 가라. ⁵당신은 극장에 앉아 있는 것보다 이런 식으로 그 여자아이 혹은 남자아이에 대해 더 잘 알게 될 것이다. ⁶극장에서 당신의 파트너 옆에 가까이 앉아 있는 것은 매우 낭만적일 수 있다. ⁷데이트를 위해 뭔가 특별한 것을 입기를 원하는가? ⁸쇼핑몰에서 쇼핑하는 대신 중고 상점으로 가라. ⁹두 번째 데이트는 어떻게 할까? ¹⁰기차나 혹은 버스로 가는 소풍이나 해 질 녘에 자연 속에서 산책하는 잘 계획된 데이트로 환경보호론자인 당신의 데이트 상대를 놀라게 하라!

구문해설

4 Instead of seeing a movie, **go** biking or (go) hiking
  ▶ 두 개의 명령문(go biking, (go) hiking)이 대등하게 연결되어 있다. 반복되는 동사 go가 생략된 형태.

10 Surprise your green partner with **a well-planned date** [**that** includes a train or bus ride to a picnic, and a nature walk in the sunset]!
  ▶ that 이하가 a well-planned date를 수식하고 있다.

Grammar & Usage

본문 p.24

01 why	02 dry	03 that	04 to be	05 × → happiness
06 ○	07 × → its	08 × → amazing	09 ○	10 ④
11 ③				

01 why ㅣ 의료계에서는, 노란 피부색이 질병의 징조일 수 있다. 이러한 점이 위험한 의료 폐기물이 노란색 용기에 담겨서 버려지는 이유일 수도 있다.

해설 문맥상 이유를 나타내는 관계부사 why가 적절. 앞에 선행사 the reason이 생략된 형태이다.

02 dry ㅣ 수컷과 암컷 휘파람새는 진흙을 모은 후, 햇볕에 말린다.

해설 사역동사 let이 쓰였고 목적어인 the mud 다음에 오는 목적격보어 자리이므로 동사원형인 dry가 적절.

03 that ㅣ 건축 현장의 근로자들 중 한 명이 말했다. "나는 중요하고 아름다운 건물들을 짓는 데 일조할 수 있게 되었어요."

해설 문맥상 선행사인 buildings를 수식하므로 선행사를 포함하지 않는 주격 관계대명사 that이 적절.

04 to be ㅣ 친한 친구들이 당신에게 진심으로 생각하는 것을 물을 때, 그들에게 조심하는 것은 특히 중요하다.

해설 가주어 It이 쓰였고 진주어 역할을 하는 to부정사가 와야 하므로 to be가 적절.

05 × → happiness ㅣ 중국에서 노란색은 왕권, 뛰어남, 젊음, 행복, 그리고 새로운 생명의 상징이다.

해설 명사 royalty, excellence, youth, new life와 and로 연결된 병렬구조이므로 명사형인 happiness가 적절.

06 ○ ㅣ 산까치의 둥지는 나뭇가지의 끝에 걸려 있고 모양이 매우 예쁘다.

해설 감각동사인 look 다음에 오는 주격보어 자리이므로 형용사인 pretty

는 적절.

07 × → its ㅣ 흰제비갈매기는 나뭇가지 바로 위에 알을 낳는다.

해설 문맥상 주어인 The fairy tern을 가리키는 소유격 대명사이므로 단수형인 its가 적절.

08 × → amazing ㅣ 당신이 불쾌하고 좋지 않은 것을 찾는다면, 당신은 곳곳에서 그러한 것들을 발견하게 될 것이다. 마찬가지로 당신이 곳곳에서 놀라운 것을 볼 수 있는 것도 사실이다.

해설 뒤에 이어지는 things가 놀라는 감정을 느끼게 만드는 것이므로 능동을 나타내는 현재분사 amazing이 적절.

09 ○ ㅣ 당신은 극장에 앉아 있는 것보다 자전거를 타거나 도보 여행을 감으로써 여자아이 혹은 남자아이에 대해 더 잘 알게 될 것이다.

해설 뒤에 than이 사용되어 by going ~과 by sitting ~을 비교하는 내용이므로 비교급 better는 적절.

10 ④ ㅣ 한 기자가 건축 현장에서 두 명의 근로자를 만나 그들 중 한 명에게 물었다. "지금 무엇을 하고 계신가요?" 그는 말했다. "나는 세상에서 가장 운이 좋은 사람이에요."

해설 앞에 the가 쓰였고 뒤에 in the world가 오면서 문맥상 최상급이 자연스러우므로 lucky의 최상급인 luckiest가 적절.

11 ③ ㅣ "나 뚱뚱해 보여?" 이러한 질문을 하는 사람들은 자신이 멋져 보인다는 말을 듣길 원한다.

해설 문맥상 선행사가 사람인 People을 수식하고 관계사절 내에서 주어 역할을 하므로 관계대명사 who가 적절.

Quick Check

본문 p.26

①	②	③	④	⑤	⑥
01. f	**01.** c	**01.** e	**01.** d	**01.** b	**01.** c
02. a	**02.** d	**02.** c	**02.** e	**02.** c	**02.** d
03. e	**03.** a	**03.** a	**03.** b	**03.** e	**03.** b
04. d	**04.** b	**04.** b	**04.** c	**04.** a	**04.** f
05. b		**05.** d	**05.** a	**05.** d	**05.** a
06. c					**06.** e

1

Before Reading   (a)   본문 p.28
Getting the BIG PICTURE   01 habit, feel   02 critical   03 human being   04 ①
Focusing on DETAILS   05 ①   06 (c)

해설 & 해석

Before Reading

지문에서 질문을 읽어보세요.
아마도 이 지문은 '(a) 우리의 태도를 바꾸는 것'에 관한 내용일 것이다.
(a) 우리의 태도를 바꾸는 것   (b) 안 좋은 감정들

Getting the BIG PICTURE

질문: 덜 비판적이 되는 방법들은 무엇이 있을까?

01 몇몇 사람들은 많은 것에 너무 비판적이다. 그리고 이것은 나쁜 습관이다.
이것은 다른 사람의 기분을 상하게 할 수 있다.

02 답변: 당신의 생각과 말하는 것이 너무 비판적이라면, 그것들을 더 상냥하게 바꿔라.

03 당신은 더 나은 사람이 될 것이다.

04 비판적인 태도를 줄이면 기분이 더 좋아지고, 포용력 있고, 호감 가는 사람이 된다고 했으므로 필자가 말하고자 하는 바로 적절한 것은 ①.

Focusing on DETAILS

05 빈칸 앞부분에서 비판의 정도를 낮출 때마다 기분이 더 좋아진다고 설명하고 있으며, 뒷부분에는 포용력 있고 호감 가는 사람이 될 것이라 말하고 있으므로 유사 내용의 첨가를 나타내는 ①이 정답.
① 또한 ② 그런데 ③ 무엇보다도 ④ 그러나 ⑤ 예를 들어

06 단어 critical은 '비판적인'이라는 의미이다. 따라서 문장을 해석해보면 '비판적이라면, ~'이란 의미이므로 빈칸에 들어갈 말은 (c).
당신이 만약 비판적이라면, 당신은 **누군가의 혹은 어떤 것의 잘못된 부분에 대해 이야기한다.**
(a) 항상 완벽하려고 노력한다
(b) 당신 자신 혹은 다른 사람을 칭찬한다
(c) 누군가의 혹은 어떤 것의 잘못된 부분에 대해 이야기한다

직독직해

¹How can you learn to be less critical? ²It's easy. ³When you think
어떻게 덜 비판적이 되는 걸 배울 수 있을까요?   그건 쉽습니다.

something or someone is wrong or bad / and you express your
어떤 일 또는 어떤 사람이 틀렸거나 나쁘다는 생각을 하고   그리고 자신의 의견을 표현할 때

해석

¹어떻게 덜 비판적이 되는 걸 배울 수 있을까요? ²그건 쉽습니다. ³어떤 일 또는 어떤 사람이 틀렸거나 부당하다는 생각을 해서 자신의 의견을 표현할 때, (그때가) 당신이 '비판적인' 상태입

opinion, // you are being 'critical'. ⁴Some of us are too critical of many
(그때가) 당신이 '비판적'인 상태입니다.　　　　우리 중 몇몇은 많은 것에 대해 너무 비판적입니다.

things. ⁵We're critical of our family, our school, and our teachers.
우리는 우리의 가족, 학교, 선생님들에 대해 비판적입니다.

⁶We're critical of successful people, // and critical of those who don't
우리는 성공한 사람들에 대해 비판적이고,　　　인생에서 그리 성공하지 못한 사람들에 대해서도 비판적입니다.

do very well in life. ⁷It's a bad habit. ⁸Especially, / it can make other
그것은 나쁜 습관입니다.　　특히　　　그런 태도는 다른 사람의

people feel bad. ⁹So, begin by focusing more on // what you think and
기분을 상하게 할 수 있습니다.　　그러니, (~에) 더욱 집중하는 것부터 시작하세요　당신이 무엇을 생각하고 말하는지에.

what you say. ¹⁰Listen to your words // and watch your actions. ¹¹Then,
당신의 말을 귀 기울여 듣고　　　그리고 당신의 행동에 주목하세요.　　그렇게 하면,

you'll begin to catch yourself // when you're being too critical. ¹²When
알아채기 시작할 것입니다　　　　당신이 너무 비판적일 때를.

you find your thoughts becoming critical, // just shut them off / and
당신의 생각이 너무 비판적으로 흘러간다고 생각되면,　　　비판적인 생각을 멈추고

think a kinder thought. ¹³Whenever you lower the level of your
더 상냥하게 생각하세요.　　　　비판의 정도를 낮출 때마다

criticism, // you'll experience a higher level of good feelings. ¹⁴Also, /
기분이 더 좋아지는 걸 경험할 것입니다.　　　　또한,

you will become a more open-minded and likeable human being.
당신은 더 포용력 있고 호감 가는 사람이 될 것입니다.

니다. ⁴우리 중 몇몇은 많은 것에 대해 너무 비판적입니다. ⁵우리는 우리의 가족, 학교, 선생님들에 대해 비판적입니다. ⁶우리는 성공한 사람들에 대해 비판적이고, 인생에서 그리 성공하지 못한 사람들에 대해서도 비판적입니다. ⁷그것은 나쁜 습관입니다. ⁸특히 그런 태도는 다른 사람의 기분을 상하게 할 수 있습니다. ⁹그러니 당신이 무엇을 생각하고 말하는지에 더욱 집중하는 것부터 시작하세요. ¹⁰당신의 말을 귀 기울여 듣고 당신의 행동에 주목하세요. ¹¹그렇게 하면, 당신이 너무 비판적일 때를 알아채기 시작할 것입니다. ¹²당신의 생각이 너무 비판적으로 흘러간다고 생각되면, 비판적인 생각을 멈추고 더 상냥하게 생각하세요. ¹³비판의 정도를 낮출 때마다 기분이 더 좋아지는 걸 경험할 것입니다. ¹⁴무엇보다도 당신은 더 포용력 있고 호감 가는 사람이 될 것입니다.

구문해설

6　~, and critical of **those who** don't do very well in life.
▶ 「those who ~」는 '~하는 사람들'이란 뜻.

9　So, begin **by focusing** more *on* **what** you think *and* **what** you say.
▶ 「by+-ing」은 '~함으로써'란 뜻으로 '수단'을 나타낸다. what이 이끄는 절 두 개가 전치사 on의 목적어로 쓰였다. and로 대등하게 연결된 구조.

12　When you **find** your thoughts **becoming** critical, ~.
　　　　　　　　V′　　　　O′　　　　　　C′
▶ 「find+목적어+-ing」은 '~가 …하다고 생각하다'란 뜻.

---

2 Before Reading　　　　　(b)　　　　　　　　　　　　　　　　　본문 p.30
Getting the BIG PICTURE　　01 Pet psychologists　02 the owners　03 drugs　04 ③
Focusing on DETAILS　　　05 ②, ④　06 ⓐ: (d), ⓑ: (b)

해설 & 해석

Before Reading

지문에서 질문들을 읽어보세요.
아마도 이 지문은 '(b) 동물들을 도와주는 것'에 관한 내용일 것이다.
(a) 안 좋은 감정들　(b) 동물들을 도와주는 것

Getting the BIG PICTURE

| 심리학자들은 자신의 감정에 문제를 가지고 있는 사람들을 도와준다. |
| 질문: 우리는 같은 문제를 가지고 있는 동물들을 도와줄 수 있을까? |

| 답변: 01 동물 심리학자들은 이러한 동물들을 도와줄 수 있다. |

04 지문의 요지를 고르는 문제이다. 이 글의 도입 설명 후에 나오는 질문을 통해 소재가 '동물 심리학자'임을 알 수 있다. 그 후 답변과 보충 설명으로 동물 심리학자가 동물들의 안 좋은 감정들을 치료한다고 말하고 있으므로 정답은 ③.

① 애완동물 주인들은 의사들과 비슷하다.
② 애완동물들은 나쁜 주인들 때문에 안 좋은 감정을 가지고 있다.
③ 동물 심리학자들은 동물들의 안 좋은 감정들을 치유해준다.
④ 동물들은 인간과 같이 감정들을 가지고 있다.
⑤ 약은 치유의 가장 좋은 방식이 아니다.

05 동물 심리학자가 ① 애완동물의 사나운 행동을 도와주며(help with a pet's angry behavior), ③ 주인에게 과제를 내주고(give homework to the owners), ⑤ 약을 사용하기도 한다(use drugs to help dogs and cats)고 했다. 그러므로 동물 심리학자가 하는 일로 언급되지 않은 것은 ②, ④번.

06 ⓐ 빈칸 앞을 보면 동물 심리학자가 주인에게 과제를 내준다고 하였고, 빈칸 뒤에는 주인은 침착하게 행동하려고 노력해야 한다고 나와 있으므로 예시에 해당된다. 또한, ⓑ 빈칸 뒤는 약을 이용해서 애완동물들을 도울 수 있다는 내용이므로 빈칸에는 앞 내용에 덧붙이는 말이 나와야 한다. 따라서 정답은 (d), (b).
(a) 그러나 (b) 게다가 (c) 따라서 (d) 예를 들어

직독직해

¹Some people have problems with their feelings. ²These people can get
몇몇 사람들은 자신의 감정에 문제를 겪는다.   이러한 사람들은 도움을 받을 수 있다

help / from a psychologist. ³A psychologist is / someone who studies
심리학자에게서.   심리학자는   인간의 마음을 연구하는 사람이다.

the human mind. ⁴But what happens // when cats and dogs have
하지만, 무슨 일이 일어날까   고양이나 개가 감정에 문제를 겪는다면?

problems with their feelings? ⁵Can they get help too? ⁶The answer is
                고양이나 개도 도움을 받을 수 있을까?   그렇다.

yes. ⁷There are special psychologists for animals. ⁸They are called 'pet
동물을 위한 특별한 심리학자가 있다.   그들은 '동물 심리학자'로 불린다.

psychologists.' ⁹Usually, pet psychologists help / with a pet's angry
보통, 동물 심리학자들은 도와준다   애완동물의 사나운 행동(을 고치는 것)을.

behavior. ¹⁰To change a pet's angry behavior, / pet psychologists give
애완동물의 사나운 행동을 바꾸기 위해   동물 심리학자는

homework to the owners. ¹¹For example, owners should try to be calm
주인에게 과제를 내준다.   예를 들어, 주인은 침착하게 행동하려고 노력해야 한다

// and walk ahead of their dogs. ¹²These actions tell the dog, "I am your
그리고 자신의 개보다 앞서 걸어가려고 (노력해야 한다)   이런 행동은 개에게 "내가 너의 주인이야."라고 말해주는 것이다.

boss." ¹³In addition, pet psychologists use drugs / to help dogs and cats,
게다가, 동물 심리학자들은 약을 이용해서   개와 고양이를 도울 수 있다

/ just like doctors do // when they help people.
의사들이 약을 처방하는 것처럼.   사람들을 도울 때.

해석

¹몇몇 사람들은 자신의 감정에 문제를 겪는다. ²이러한 사람들은 심리학자에게서 도움을 받을 수 있다. ³심리학자는 인간의 마음을 연구하는 사람이다. ⁴하지만, 고양이나 개가 감정에 문제를 겪는다면 무슨 일이 일어날까? ⁵고양이나 개도 도움을 받을 수 있을까? ⁶그렇다. ⁷동물을 위한 특별한 심리학자가 있다. ⁸그들은 '동물 심리학자'로 불린다. ⁹보통, 동물 심리학자들은 애완동물의 사나운 행동(을 고치는 것)을 도와준다. ¹⁰애완동물의 사나운 행동을 바꾸기 위해, 동물 심리학자는 주인에게 과제를 내준다. ¹¹예를 들어, 주인은 침착하게 행동하고 자신의 개보다 앞서 걸어가려고 애써야 한다. ¹²이런 행동은 개에게 "내가 너의 주인이야."라고 말해주는 것이다. ¹³게다가, 의사들이 사람들을 도울 때 약을 이용하는 것처럼, 동물 심리학자들은 약을 이용해서 개와 고양이를 도울 수 있다.

구문해설

3 A psychologist is <u>someone</u> [**who** studies the human mind.]

▶ who 이하는 someone을 꾸며준다.

11 For example, owners should **try** to be calm *and* (should try to) **walk** ahead of their dogs.

▶ 두 개의 동사구(should try to be calm, (should try to) walk ~)가 and로 연결된 구조.

해설 & 해석

Before Reading

지문의 처음 두 문장을 읽어보세요.

아마도 이 지문은 '(b) 덜' 이야기하는 것에 관한 내용일 것이다.

(a) 많이   (b) 덜

Getting the BIG PICTURE

> 문제점: 우리가 01 (a) 줄이고 싶어 하는 일상생활의 소음이 있다.

> 해결책: 아무것도 02 (b) 말하지 않고 편안한 곳에서 하루를 보내라.

> 방법: 좋은 날을 고르고, 친구들과 가족들에게 말하고, 전자제품을 03 (c) 피하고, 그리고 당신이 평소에 듣지 못하는 소리에 귀 기울여라.

01 (a) 줄이다 (b) 찾다 (c) 사용하다

02 (a) 읽기 (b) 말하기 (c) 먹기

03 (a) 사다 (b) 사용하다 (c) 피하다

04 지문에 가장 적절한 제목을 고르는 문제이다. 이 글은 우리가 일상생활의 소음을 줄이고 싶어 한다는 문제점을 제시한 후 아무것도 말하지 않고 하루를 보내라는 해결책을 제시한다. 따라서 정답은 ④.
① 자연에서 휴식 취하기
② 주중 최고의 하루
③ TV 시청의 해로움
④ 아무 소리도 내지 않는 하루
⑤ 대중 앞에서 연설하는 방법

Focusing on DETAILS

05 본문의 turn down은 '(소리를) 줄이다'라는 뜻이다. 따라서 정답은 (a).
(a) 텔레비전 소리를 조금만 줄여줄래?
(b) 왜 그녀는 당신의 초대를 거절했는가?

06 빈칸에 들어갈 가장 적절한 단어를 고르는 문제이다. 빈칸 앞 문장을 보면 '당신이 매우 조용히 있을 것'이라고 말하고 있다. 따라서 빈칸에는 '조용한'이라는 뜻인 ⑤가 정답.
① 정직한 ② 활동적인 ③ 더 좋은 ④ 성공한 ⑤ 조용한

직독직해

¹Would you like to turn down / the noise of daily life / for a little while?
줄이고 싶으신가요   일상생활의 소음을   잠시?

²You could start / by not talking for a whole day. ³It can be a break /
시작할 수 있어요   하루 종일 말하지 않음으로써.   그것은 휴식이 될 수 있어요

from unimportant and unnecessary conversations. ⁴Choose a day //
중요하지 않고 필요치 않은 대화로부터의   날을 고르세요

when you don't have to speak at school or work. ⁵Sunday is usually a
학교나 직장에서 꼭 말하지 않아도 될 때인.   보통 일요일을 선택하는 게 좋답니다.

good choice. ⁶Let friends and family know // that you will be very
   친구들과 가족에게 알리세요   당신이 매우 조용히 있을 거라는 것을.

quiet. ⁷Ask them to help you be silent / for the day. ⁸Find a relaxing
당신이 조용히 있을 수 있도록 그들에게 도움을 청하고요   그날.   편히 쉴 수 있는 장소를 고르고

place / and spend the day there. ⁹Focus on sounds / that you usually
그곳에서 그날을 보내는 거예요.   소리에 귀 기울여 보세요   평소에 듣지 못하는

can't hear, / such as birds singing or wind blowing. ¹⁰Or do anything
새가 지저귀는 소리나 바람 부는 소리같이.   혹은 무엇이든 당신이 하고 싶은 것을 해도 괜찮아요

you like, // as long as you don't speak. ¹¹But no watching TV or
말하지 않는 한.   단, TV를 보거나

listening to music or surfing the Internet! ¹²You'll find // that you
음악을 듣거나, 인터넷 서핑을 하면 안 돼요!   발견하게 될 거예요

해석

¹잠시 일상생활의 소음을 줄이고 싶으신가요? ²하루 종일 말하지 않음으로써 시작할 수 있어요. ³그것은 중요하지 않고 필요치 않은 대화로부터의 휴식이 될 수 있어요. ⁴학교나 직장에서 꼭 말하지 않아도 되는 날을 고르세요. ⁵보통 일요일을 선택하는 게 좋답니다. ⁶친구들과 가족에게 당신이 매우 조용히 있을 거라는 것을 알리세요. ⁷그날 당신이 조용히 있을 수 있도록 그들에게 도움도 청하고요. ⁸편히 쉴 수 있는 장소를 고르고 그곳에서 그날을 보내는 거예요. ⁹새가 지저귀는 소리나 바람 부는 소리같이 평소에 듣지 못하는 소리에 귀 기울여 보세요. ¹⁰혹은 말하지 않는 한 무엇이든 당신이 하고 싶은 것을 해도 괜찮아요. ¹¹단, TV를 보거나 음악을 듣거나, 인터넷 서핑을 하면 안 돼요! ¹²다음 날 다시 말하기 시작할 때, 당신이 단어를 더 신중하게 고른다는 것을 발견하게 될 거예요.

choose your words more carefully // when you begin talking again the
당신이 단어를 더 신중하게 고른다는 것을   다음 날 다시 말하기 시작할 때.

next day.

구문해설

1 **Would you like to *turn down* the noise of daily life for a little while?**
   ▶ 「Would you like to+동사원형 ~?」은 '~하고 싶으세요?'란 뜻.

7 **Ask them to *help* *you* *be* silent for the day.**
                V′   O′   C′
   ▶ 「ask A to+동사원형」은 'A에게 ~해달라고 부탁하다'란 뜻. to부정사구에 「help+목적어+동사원형 (~가 …하도록 돕다)」의 구조가 쓰였다.

9 **~, such as birds *singing* or wind *blowing*.**
   ▶ singing과 blowing이 각각 birds와 wind를 뒤에서 수식하고 있다. '지저귀는 새', '불어오는 바람'으로 해석하면 된다.

11 **But no watching TV *or* listening to music *or* surfing the Internet!**
   ▶ watching ~, listening ~, surfing ~이 or로 대등하게 연결된 구조. or로 연결되는 대상은 서로 문법적 성격이 대등한 것이어야 한다.

---

4   Before Reading   (a)   본문 p.34
       Getting the BIG PICTURE   01 (a)   02 (c)   03 (b)   04 ②
       Focusing on DETAILS   05 ②, ③   06 who study ancient society, (b)

해설 & 해석

Before Reading

문제점을 찾을 때까지 지문을 읽어보세요.
아마도 이 지문은 '(a) 트라야누스 기둥'에 관한 내용일 것이다.
(a) 트라야누스 기둥 (b) 로마 황제

Getting the BIG PICTURE

> 트라야누스 기둥은 오래 전에 로마에서 지어졌다.
> 문제점: 그 기둥의 색이 01 (a) 바랬지만, 현대의 페인트는 (그 건축물에)
> 02 (c) 손상을 입힐 수 있다.
> |
> 해결책: 과학자들은 03 (b) 빛들로 그 기둥에 색을 입히자는 생각을 했다.

01 (a) (색이) 바랬다 (b) 보여줬다 (c) 골랐다

02 (a) 더러워 보이다 (b) 시간이 걸리다 (c) 손상을 입히다

03 (a) 부드러운 붓들 (b) 빛들 (c) 어떤 페인트들

04 지문에 가장 적절한 제목을 고르는 문제이다. 트라야누스 기둥의 색이
바랬다는 문제점을 제시한 후 이의 해결책으로 빛을 이용하여 기둥에
색을 입힌다는 내용이다. 따라서 정답은 ②.
① 로마의 역사적인 건축물
② 트라야누스 기둥을 되살리는 것
③ 로마 황제에 대한 기억
④ 왜 로마 건축물들은 색이 칠해질 수 없는가
⑤ 어떻게 고고학자들과 과학자들은 함께 일하는가

Focusing on DETAILS

05 트라야누스 기둥에 대한 설명과 일치하지 않는 것을 고르는 문제이다.
원래는 기둥이 다채로운 색으로 칠해졌으나 오랜 기간의 날씨 변화 때
문에 흰색으로 변해버렸고, 페인트칠을 한 것이 아니라 프로젝터로 빛
을 비추어 색을 입힌 것이다. 따라서 일치하지 않는 것은 ②, ③.

06 **Archaeologists** 바로 다음에 나오는 **who study ancient
society**라는 말이 그 뜻을 설명해주고 있다. '고대 사회를 연구하는
사람'이라고 했으므로, (b) '고고학자'가 정답.

직독직해

[1]**Trajan's Column in Rome, Italy, / was built in A.D. 113.**
   이탈리아 로마에 있는 트라야누스 기둥은   서기 113년에 지어졌다.

해석

[1]이탈리아 로마에 있는 트라야누스 기둥은 서
기 113년에 지어졌다. [2]30미터 크기의 이 기둥은

²Thirty meters tall, / it was built / to remember the victories of the
30미터 크기의   이 기둥은 세워졌다   트라야누스라는 이름을 가진 로마 황제의 승리를 기념하기 위해서.

Roman emperor named Trajan. ³It was painted many bright colors, //
이 기둥은 여러 밝은색들로 색칠되었다

but the weather changed the colors to white long ago. ⁴Ancient Roman
그러나 날씨 때문에 오래전에 희게 바래버렸다.   고대 로마의

buildings can't be repainted, // because modern paints can cause
건축물들은 다시 색칠될 수 없는데,   왜냐하면 현대의 페인트는 (건축물에) 손상을 입힐 수 있기 때문이다.

damage. ⁵So, some scientists had a great idea. ⁶It was to paint Trajan's
그래서 몇몇 과학자들은 좋은 생각을 해냈다.   그것은 트라야누스 기둥을 색칠하는 것이었다

Column / using light. ⁷Archaeologists, who study ancient society, /
빛을 이용해서.   고대 사회를 연구하는 사람들인 고고학자들은

liked the scientists' idea. ⁸So, in 2009, / Trajan's Column was
과학자들의 생각을 마음에 들어 했다.   그리하여 2009년에

'painted' for the second time in history. ⁹You may have seen /
역사상 두 번째로 트라야누스 기둥이 색칠되었다.   당신은 아마 본 적이 있을 것이다

a projector send beams of light / to a white screen. ¹⁰Just like that, / the
프로젝터가 광선을 쏘는 것을   흰 화면에.   바로 그것처럼.

light turned a white building into a colorful one. ¹¹At last, / people saw
빛은 흰 건물을 다채로운 색의 건물로 바꿔주었다.   마침내.   사람들은

Trajan's Column in color, and it was fantastic. ¹²But the colors can be
트라야누스 기둥이 채색된 것을 볼 수 있었고 그것은 환상적이었다.   하지만 그 색은

seen only at night.
오직 밤에만 볼 수 있다.

트라야누스라는 이름을 가진 로마 황제의 승리를 기념하기 위해서 세워졌다. ³이 기둥은 여러 밝은색들로 색칠되었으나 날씨 때문에 오래전에 희게 바래버렸다. ⁴고대 로마의 건축물들은 다시 색칠될 수 없는데, 왜냐하면 현대의 페인트는 (건축물에) 손상을 입힐 수 있기 때문이다. ⁵그래서 몇몇 과학자들은 좋은 생각을 해냈다. ⁶그것은 빛을 이용해서 트라야누스 기둥을 색칠하는 것이었다. ⁷고대 사회를 연구하는 사람들인 고고학자들은 과학자들의 생각을 마음에 들어 했다. ⁸그리하여 2009년에 역사상 두 번째로 트라야누스 기둥이 색칠되었다. ⁹당신은 아마 프로젝터가 흰 화면에 광선을 쏘는 것을 본 적이 있을 것이다. ¹⁰바로 그것처럼, 그 빛은 흰 건물을 다채로운 색의 건물로 바꿔주었다. ¹¹마침내, 사람들은 트라야누스 기둥이 채색된 것을 볼 수 있었고 그것은 환상적이었다. ¹²하지만 그 색은 오직 밤에만 볼 수 있다.

구문해설

9   You **may have seen** *a projector* **send** beams of light to a white screen.
                             O   C

▶ 「may have p.p.」는 '어쩌면 ~였을지도 모른다'라는 뜻으로, 과거의 불확실한 추측을 나타낸다. 「see+목적어+동사원형」 구조로 '~가 …하는 것을 보다'란 뜻.

5

Before Reading   (a)   본문 p.36
Getting the BIG PICTURE   01 (c) 02 (b) 03 (a) 04 ⑤
Focusing on DETAILS   05 ⑤ 06 ②, ④

해설 & 해석

Before Reading

지문에서 두 개의 질문을 읽어보세요.
아마도 이 지문은 돈을 '(a) 더' 쓰는 것에 관한 내용일 것이다.
(a) 더 (b) 덜

Getting the BIG PICTURE

문제점: 당신은 빨리 그리고 당신이 원하던 것보다 더 많이 돈을 쓴다.

해결책 1: 우리는 그 습관을 좋은 행동으로 01 (c) 바꿀 수 있다.   해결책 2: 03 (a) 필요하지 않는 것들을 사지 않도록 친구에게 도움을 얻어라.

예시: 쇼핑하는 대신에, 02 (b) 더 좋은 어떤 것을 하라.

01 (a) 제한하다 (b) 연결하다 (c) 바꾸다

02 (a) 비슷한 (b) 더 좋은 (c) 다른 사람들을 위해

03 (a) 필요하지 않은 (b) 새로운 (c) 값비싼

04 지문에 가장 적절한 주제를 고르는 문제이다. 이 글은 돈을 너무 빨리, 그리고 생각했던 것보다 더 많이 지출하는 소비의 문제점을 설명하고 이에 대한 두 가지의 해결책을 설명해주는 글이다. 따라서 정답은 ⑤.
① 왜 쇼핑을 하는 것이 기분 좋은가
② 값싸고 건강한 활동들
③ 돈을 사용하는 좋은 방법
④ 나쁜 습관들은 어디에서 오는가
⑤ 당신의 소비 습관을 바꾸는 방법

05 빈칸 앞에는 쇼핑 대신할 수 있는 일의 목록을 만들어 보라(Make a list of good things to do.)는 내용이 나오고, 빈칸 뒤에는 그에 해당하는 예시(take a walk, ~ from shopping)가 이어진다. 따라서 정답은 ⑤.
① 또한 ② 다음에 ③ 대신에 ④ 비슷하게 ⑤ 예를 들어

06 잘못된 행동을 좋은 행동으로 바꾸라고(just replace the bad activity with a good one) 했고, 자신이 필요 없는 물건을 사지 못하게 하도록 친구에게 부탁하라고 했으므로 언급된 것들은 ②, ④.

직독직해

¹Do you too quickly spend / all the money your parents give you? ²Do
당신은 너무 빨리 써버리나요   부모님께서 주시는 돈 전부를?

you always spend more money // than you wanted to? ³To kick the
당신은 항상 돈을 더 많이 쓰나요   쓰려고 했던 것보다?   그런 습관을 버리려면.

habit, / just replace the bad activity with a good one. ⁴Make a list of
잘못된 행동을 좋은 행동으로 바꿔 보세요.   해야 할 좋은 일들의

good things to do. ⁵Then, the next time you want to go shopping, //
목록을 만드세요.   그러면 다음번에 당신이 쇼핑하러 가고 싶을 때,

you can do something better. ⁶For example, / take a walk, visit a friend,
당신은 더 괜찮은 일을 할 수 있습니다.   예를 들어,   산책을 하고, 친구를 만나고,

go to the library, bake a cake — anything to stop yourself from
도서관에 가고, 케이크를 구워보세요   쇼핑하지 못하게 하는 어떤 일이든지요.

shopping. ⁷At first, you may find it hard. ⁸You might think life is better
처음에는 어려울지도 모릅니다.   당신은 인생이 더 즐겁다고 생각할 수도 있습니다

// while you are shopping. ⁹But a wonderful feeling of freedom comes
쇼핑을 하는 동안.   하지만, 놀라운 해방감이 느껴집니다

from / knowing that you don't have to buy things. ¹⁰Another idea is the
물건을 살 필요가 없다는 것을 알면.   또 다른 아이디어는

'buddy' system. ¹¹Ask a buddy to help you / stop yourself from buying
'버디' 시스템입니다.   친구에게 도움을 요청하세요   정말로 필요 없는 것을 사지 않도록.

things you really don't need. ¹²Soon, you will find it becomes easier
곧, 당신은 (나쁜 쇼핑 습관에서) 벗어나는 것이 점점 더 쉬워지는 것을 깨닫게 될 것입니다.

and easier to be free.

해석

¹당신은 부모님께서 주시는 돈 전부를 너무 빨리 써버리나요? ²당신은 항상 돈을 쓰려고 했던 것보다 더 많이 쓰나요? ³그런 습관을 버리려면, 잘못된 행동을 좋은 행동으로 바꿔 보세요. ⁴유익한 일의 목록을 만드세요. ⁵그러면 다음번에 당신이 쇼핑하러 가고 싶을 때, 당신은 더 괜찮은 일을 할 수 있습니다. ⁶예를 들어, 산책을 하고, 친구를 만나고, 도서관에 가고, 케이크를 구워보세요. 쇼핑하지 못하게 하는 어떤 일이든지요. ⁷처음에는 어려울지도 모릅니다. ⁸당신은 쇼핑을 하는 동안 인생이 더 즐겁다고 생각할 수도 있습니다. ⁹하지만, 물건을 살 필요가 없다는 것을 알면, 놀라운 해방감이 느껴집니다. ¹⁰또 다른 아이디어는 '버디' 시스템입니다. ¹¹정말로 필요 없는 것을 사지 않도록 친구에게 도움을 요청하세요. ¹²곧, 당신은 (나쁜 쇼핑 습관에서) 벗어나는 것이 점점 더 쉬워지는 것을 깨닫게 될 것입니다.

구문해설

1   Do you too quickly spend all the money [(that) your parents give you]?

▶ that이 이끄는 절이 all the money를 꾸며준다.

9   But a wonderful feeling of freedom comes from knowing that you don't have to buy things.
S   V
▶ a wonderful feeling of freedom이 주어, comes from이 동사. that절은 knowing의 의미상 목적어로 쓰였다.

11 Ask *a buddy* to help you **stop** *yourself* **from buying** *things* [(that) you really don't need].

▶ 「ask A to+동사원형」은 'A에게 ~하라고 하다'란 뜻. to부정사구 내에 「stop A from+-ing (A가 ~하지 못하게 하다)」의 구조가 쓰였으며 that절이 앞의 things를 수식하고 있다.

12 Soon, you will find it becomes **easier and easier** to be free.

▶ 「비교급 and 비교급」의 구조로 '점점 더 ~한'의 뜻.

6
Before Reading (a) 본문 p.38
Getting the BIG PICTURE 01 (c) 02 (a) 03 (b) 04 ②
Focusing on DETAILS 05 (a) 06 ⑤

해설 & 해석

Before Reading

지문의 처음 세 문장을 읽어보세요.
아마도 이 지문은 '(a) 수학을 배우는 것'에 관한 내용일 것이다.
(a) 수학을 배우는 것 (b) 인간의 능력

Getting the BIG PICTURE

| 인간은 수학과 관련된 능력을 가지고 태어난다. |
| 문제점: 많은 학생들은 그 과목을 01 (c) 싫어한다. |

| 예시: 도와주기 위해, 선생님은 02 (a) 수학게임을 만들었다. |
| 이것은 학생들에게 03 (b) 재미있고 그들이 (수학을) 배울 수 있게 도와준다. |

| 해결책: 학생들이 수학에 더 많은 흥미를 갖게 하라. |

01 (a) 고른다 (b) 좋아한다 (c) 싫어한다

02 (a) 수학게임 (b) 검 (c) 점수

03 (a) 어려운 (b) 재미있는 (c) 중요한

04 지문에 가장 적절한 제목을 고르는 문제이다. 이 글은 학생들이 수학을 싫어한다는 문제점을 제기한 후 이에 대한 해결책으로 게임을 통해 재 있게 놀면서 수학 문제를 푸는 것을 예와 함께 제시하고 있다. 따라서 정답은 ②.
① 온라인 게임의 이점
② 수학을 배우는 재밌는 방법
③ 우리는 왜 수학을 싫어하는가?
④ 인간의 수학적 능력
⑤ 게임을 잘하는 방법

Focusing on DETAILS

05 본문의 lesson은 수업이라는 뜻이므로 정답은 (a).
(a) 우리의 화요일 첫 번째 수업은 프랑스어 수업이다.
(b) 그 사고는 내가 절대 잊지 못할 교훈을 가르쳐주었다.

06 밑줄 친 it 앞은 수학게임에 관한 설명이므로 it은 그 게임을 가리킨다. 따라서 정답은 ⑤.
① 답변 ② 점수 ③ 각각의 검 ④ 다음 단계 ⑤ 그 게임

직독직해

¹Do you like math? ²All human beings are born / with basic math-
당신은 수학을 좋아하는가?　모든 인간은 태어난다　수학과 관련된

related abilities. ³But many students hate math class. ⁴"One reason
기본적 능력을 갖추고,　그러나 많은 학생들이 수학 수업을 싫어한다

students lose interest in math is // that it doesn't seem to connect / to
"학생들이 수학에 흥미를 잃는 한 가지 이유는　수학이 연관되어 보이지 않기 때문입니다

their lives or interests," says Cynthia Nicol, a math teacher. ⁵To help
자신의 생활 또는 흥미와,"라고 수학 선생님인 신시아 니콜이 말한다.

her Grade 5 students learn / how to multiply numbers of 10 or higher,
5학년 학생들이 배우는 걸 돕기 위해서　10 또는 그 이상의 수를 곱하는 것을

/ Ms. Nicol decided to use a role-playing game / in her lessons. ⁶In the
니콜 선생님은 역할 놀이를 사용해보기로 했다　수업에서.

해석

¹당신은 수학을 좋아하는가? ²모든 인간은 수학과 관련된 기본적 능력을 갖추고 태어난다. ³그러나 많은 학생들이 수학 수업을 싫어한다. ⁴"학생들이 수학에 흥미를 잃는 한 가지 이유는 수학이 자신의 생활 또는 흥미와 연관되어 보이지 않기 때문입니다."라고 수학 선생님인 신시아 니콜이 말한다. ⁵5학년 학생들이 10 또는 그 이상의 수를 곱하는 것을 배우도록 니콜 선생님은 수업에서 역할 놀이를 사용해보기로 했다. ⁶그녀가 개발한 게임에서 게임 캐릭터는 칼 만드는 법을 배운다. ⁷당신의 캐릭터가 만드는 각각의 칼은 12점이다. ⁸당신은 자신이 만든 칼의

game she developed, / a game character is learning to make swords.
그녀가 개발한 게임에서 게임 캐릭터는 칼 만드는 법을 배운다.

⁷Each sword your character makes / is worth 12 points. ⁸You need to
당신의 캐릭터가 만드는 각각의 칼은 12점이다.

calculate the points / by multiplying the number of swords you made
당신은 점수를 계산해야 한다 자신이 만든 칼의 개수에 12를 곱하여.

by 12. ⁹If your answer is right, // you can go to the next level. ¹⁰Her
만약 당신의 답이 맞으면, 다음 단계로 넘어갈 수 있다.

students loved it. ¹¹As mathematical skills need regular practice to
학생들은 이 게임을 매우 좋아했다. 수리적 능력이 숙달되려면 주기적인 연습이 필요하므로

master, // this kind of game can help students to solve many math
이런 종류의 게임은 학생들이 많은 수학 문제를 풀 수 있게 한다

problems / while having fun. ¹²Students' interests, games, and math.
재밌게 놀면서. 학생의 흥미, 게임 그리고 수학.

¹³If we put them all together, // math becomes more fun.
이것들이 다 같이 잘 어우러지면, 수학은 더 재밌어진다.

개수에 12를 곱하여 점수를 계산해야 한다. ⁹만약 당신의 답이 맞으면, 다음 단계로 넘어갈 수 있다. ¹⁰학생들은 이 게임을 매우 좋아했다. ¹¹수리적 능력이 숙달되려면 주기적인 연습이 필요하므로 이런 종류의 게임은 학생들이 재밌게 놀면서 많은 수학 문제를 풀 수 있게 한다. ¹²학생의 흥미, 게임 그리고 수학. ¹³이것들이 다 같이 잘 어우러지면, 수학은 더 재밌어진다.

구문해설

4 "**One reason** [(why) students lose interest in math] **is that** it doesn't seem to connect to their lives or
S · V · C

interests," ~.
▶ why가 이끄는 절(why ~ math)이 One reason을 꾸며주어 주어가 길어졌다. 동사는 is, 보어는 that이 이끄는 절이다.

6 In **the game** [(that) she developed], a game character is learning to make swords.
▶ that이 이끄는 절이 the game을 수식하고 있다.

Grammar & Usage
본문 p.40

01 who	02 do	03 talking	04 was built	05 know
06 × → more	07 × → something better		08 ○	09 ⑤
10 ④				

01 who | 심리학자는 인간의 마음을 연구하는 사람이다.
해설 문맥상 선행사 someone을 꾸며주고 관계사절 내에서 주어 역할을 하는 주격 관계대명사 who가 적절. whose는 선행사와 whose 뒤에 오는 명사의 소유 관계를 나타내는 소유격 관계대명사이다.

02 do | 의사들이 사람을 도울 때 약을 이용하는 것처럼, 동물 심리학자들은 약을 이용해서 개와 고양이를 도울 수 있다.
해설 문맥상 앞에 쓰인 동사 use의 반복을 피하기 위한 대동사 자리이므로 do가 적절.

03 talking | 잠시 일상생활의 소음을 줄이고 싶으신가요? 하루 종일 말하지 않음으로써 시작할 수 있어요.
해설 전치사 by의 목적어 자리이므로 동명사인 talking이 적절.

04 was built | 이탈리아 로마에 있는 트라야누스 기둥은 서기 113년에 지어졌다.
해설 주어인 Trajan's Column은 지어지는 행동의 대상이므로 수동태인 was built가 적절.

05 know | 당신이 하루 종일 말하지 않는 걸 시작하기 전에, 친구들과 가족들에게 당신이 매우 조용히 있을 거라는 것을 알리세요.
해설 사역동사 let의 목적격보어 자리이므로 동사원형인 know가 적절.

06 × → more | 당신은 항상 돈을 쓰려고 했던 것보다 더 많이 쓰나요? 그런 습관을 버리려면, 잘못된 행동을 좋은 행동으로 바꿔 보세요.
해설 뒤에 than이 쓰였고 문맥상 비교급이 와야 하므로 much의 비교급 more가 적절.

07 × → **something better** | 유익한 일의 목록을 만드세요. 그러면 다음번엔 당신이 쇼핑하러 가고 싶을 때, 당신은 더 괜찮은 일을 할 수 있습니다.

해설 -thing으로 끝나는 명사를 수식하는 형용사는 해당 명사 뒤에 위치한다.

08 ○ | 니콜 씨가 개발한 게임에서, 당신의 캐릭터가 만드는 각각의 칼은 12점이다.

해설 주어인 each sword가 관계대명사 that[which]이 생략된 관계사절 your character makes의 수식을 받는 구조이다. 「each+명사」는 단수 취급하므로 단수동사인 is는 적절.

09 ⑤ | 일상생활의 소음을 줄이기 위해, 학교나 직장에서 꼭 말하지 않아도 되는 날을 고르세요.

해설 '~할 필요 없다'의 의미를 나타내는 don't have to는 don't need to로 바꿔 쓸 수 있다.

10 ④ | "학생들이 수학에 흥미를 잃는 한 가지 이유는 수학이 자신의 생활 또는 흥미와 연관되어 보이지 않기 때문입니다."라고 수학 선생님인 신시아 니콜이 말한다.

해설 '~인 것 같다'의 의미를 나타내는 seem to는 appear to로 바꿔 쓸 수 있다.

Quick Check

본문 p.42

①	②	③	④	⑤
01. e	01. d	01. b	01. c	01. b
02. a	02. b	02. f	02. f	02. a
03. f	03. e	03. a	03. b	03. e
04. b	04. a	04. g	04. a	04. c
05. d	05. c	05. c	05. d	05. d
06. c		06. d	06. e	
		07. e		

1

Before Reading	(b)	본문 p.44
Getting the BIG PICTURE	01 (a) 02 (c) 03 (a) 04 ①	
Focusing on DETAILS	05 (b) 06 ② 07 ②	

해설 & 해석

Before Reading

주제를 찾을 때까지 지문을 대강 훑어보세요.
아마도 이 지문은 '(b) 아침식사용 식품'에 관한 내용일 것이다.
(a) 휴양지 (b) 아침식사용 식품

Getting the BIG PICTURE

1800년대 후반	**1894년**	**오늘날**
켈로그 형제는 맛있고 01 (a) 건강한 아침식사용 식품을 찾고 있었다.	→ 그들은 02 (c) 우연히 최초의 시리얼을 만들었다. 그리고 휴양지 손님들은 그것을 좋아했다.	→ 전 세계의 많은 사람들은 아침식사로 시리얼을 03 (a) 즐긴다.

01 (a) 건강한 (b) 신선한 (c) 값싼

02 (a) 줄곧 (b) 즉시 (c) 우연히

03 (a) 즐기다 (b) 만들다 (c) 피하다

04 켈로그 형제가 지금의 아침식사용 시리얼을 만들게 된 과정을 설명하는 글이므로 이 문제의 정답은 ①.
① 아침식사용 시리얼의 기원
② 나만의 시리얼을 만드는 방법
③ 다양한 종류의 아침식사용 식품
④ 고기가 들어가 있지 않은 식품을 먹는 것의 효과
⑤ 좋은 식습관의 중요성

Focusing on DETAILS

05 본문의 ran은 '~을 경영하다, 운영하다'란 뜻이다. 따라서 정답은 (b).
(a) 그녀는 계단을 뛰어 내려갔다.
(b) 그는 뉴욕에서 회사를 경영했다.

06 빈칸에 가장 적절한 말을 고르는 문제이다. 빈칸 앞 내용을 보면 손님들이 리조트의 아침식사가 아무 맛도 나지 않아 싫어했다고 했고, 빈칸 뒤는 맛있는 식사를 만들려고 노력했다는 내용이 이어진다. 앞, 뒤의 내용이 인과관계를 나타내므로 정답은 ②.
① 그러나 ② 그래서 ③ 예를 들어 ④ 게다가 ⑤ 즉

07 주어진 문장이 들어갈 가장 적절한 곳을 고르는 문제이다. 형제가 삶은 밀을 오븐에 넣은 후 잊어버리고 있다가, 몇 시간 후에 발견했을 때 밀이 누런색으로 조각조각 부서져 있었다고 했다. 주어진 문장의 'it'이 결국 '그 사실' 즉, 삶은 밀을 오븐에 넣었다는 것을 잊어버린 것이므로, 정답은 ②.
'그러고는 그들은 그 사실을 잊어버렸다!'

¹In the late 1800s, / Dr. John Kellogg ran a health resort in Michigan.
1800년대 후반.　　　　　존 켈로그 박사는 미시간에서 헬스 리조트를 경영하였다.

²Dr. Kellogg believed // the secret to health was / never to eat meat.
켈로그 박사는 믿었다　　　　건강의 비결이　　　　고기를 절대 먹지 않는 것이라고.

³Breakfast at the resort / was bread with no taste. ⁴Guests didn't like it.
그 리조트의 아침식사는　　　아무 맛이 나지 않는 빵이었다.　　손님들은 그 빵을 좋아하지 않았다.

⁵So, John and his brother, Will, worked to invent / something delicious
그래서 존과 그의 동생 윌은 만들려고 노력했다

and meat-free for breakfast. ⁶In 1894, the brothers tested boiled wheat.
맛있으면서 고기가 들어가지 않는 아침식사를.　　　1894년. 형제는 밀을 삶아 실험해 보았다.

⁷Wheat is grain, / similar to rice. ⁸It is used to make flour and bread.
밀은 곡물로,　　　쌀과 비슷하다.　　밀은 밀가루와 빵을 만드는 데 사용된다.

⁹The brothers pressed the boiled wheat // until it was very thin // and
형제는 삶은 밀을 꾹 눌렀다　　　　　그것이 아주 얇아질 때까지.

put it in the oven. ¹⁰Then they forgot about it! ¹¹Hours later, they found //
그리고 오븐에 넣었다.　　그러고는 그 사실을 잊어버렸다!　　몇 시간 후, 그들은 발견했다

that the wheat was broken up into golden pieces. ¹²It was tasty!
밀이 누런색으로 조각조각 부서져 있는 것을.　　　그것은 맛있었다!

¹³Guests at the resort loved it, the first cereal. ¹⁴They bought boxes of it /
리조트의 손님들은 최초의 시리얼인 그것을 매우 좋아했다.　　　그들은 여러 상자를 샀다

to take home. ¹⁵The cereal became very popular. ¹⁶Today, / cereals are
집에 가져가기 위해.　　　그 시리얼은 매우 유명해졌다.　　오늘날.

among the most popular breakfast foods / in the world.
시리얼은 가장 대중적인 아침식사용 음식 중 하나이다　　　세계에서.

¹1800년대 후반, 존 켈로그 박사는 미시간에서 헬스 리조트를 경영하였다. ²켈로그 박사는 건강의 비결이 고기를 절대 먹지 않는 것이라고 믿었다. ³그 리조트의 아침식사는 아무 맛이 나지 않는 빵이었다. ⁴손님들은 그 빵을 좋아하지 않았다. ⁵그래서 존과 그의 동생, 윌은 맛있으면서 고기가 들어가지 않는 아침식사를 만들기 위해 노력했다. ⁶1894년, 형제는 밀을 삶아 실험해 보았다. ⁷밀은 곡물로, 쌀과 비슷하다. ⁸밀은 밀가루와 빵을 만드는 데 사용된다. ⁹형제는 삶은 밀을 꾹 눌러 매우 얇게 만든 다음, 오븐에 넣었다. ¹⁰그러고는 그 사실을 잊어버렸다! ¹¹몇 시간 후, 그들은 밀이 누런색으로 조각조각 부서져 있는 것을 발견했다. ¹²그것은 맛있었다! ¹³리조트의 손님들은 최초의 시리얼인, 그것(잘게 부서진 밀 조각)을 매우 좋아했다. ¹⁴그들은 여러 상자를 사서 집에 가져갔다. ¹⁵그 시리얼은 매우 유명해졌다. ¹⁶오늘날, 시리얼은 세계에서 가장 대중적인 아침식사용 음식 중 하나이다.

구문해설

2　Dr. Kellogg believed // (that) <u>the secret [to health]</u> <u>was</u> <u>never to eat meat.</u>
　　　　　　　　　　　　　　　　　　S′　　　　　　V′　　　C′

▶ that절의 주어는 the secret to health, 동사는 was, 보어는 never to eat meat이다. 첫 번째 to는 전치사로, to health가 the secret을 수식하는 형태. 두 번째 to는 부정사를 이끌어 '~하는 것'으로 해석한다.

8　It **is used to** *make* flour and bread.

▶ 「be used to+동사원형」은 '~하는 데 사용되다'란 뜻.

16　Today, cereals are among **the most popular** breakfast foods *in* the world.

▶ the most popular는 '가장 대중적인'이란 뜻으로 popular의 최상급. 최상급 표현은 범위를 나타내는 표현인 in(~에서), of(~ 중) 등과 자주 쓰인다.

2　Before Reading　　　　　(a)　　　　　　　　　　　　본문 p.46
　　Getting the BIG PICTURE　01 (c)　02 (b)　03 (a)　04 ②
　　Focusing on DETAILS　　05 ①　06 ②, ⑤

Before Reading

지문의 처음 두 문장을 읽어보세요.
아마도 이 지문은 '(a) 손목시계에 관한 내용일 것이다.
(a) 손목시계 (b) 일상용품

Getting the BIG PICTURE

옛날에는, 여자들만이 손목시계를 찼고, 반면에 남자들은 회중시계를 들고 다녔다.
제1차 세계대전 동안, 회중시계는 군인들에게 01 (c) 불편한 존재였다.
(a) (~위해) 디자인된 (b) 유명한 (c) 불편한
그리고 나서, 한 시계 제작자에 의해 남자들을 위한 손목시계가 만들어졌고 02 (b) 군인들에 의해 착용 되었다.
(a) 시계 제작자들 (b) 군인들 (c) 부자들
전쟁이 끝난 후, 손목시계는 남자들이 차도 03 (a) 괜찮은 것으로 생각되었다.
(a) 괜찮은 (b) 흔하지 않은 (c) 비싼

오늘날, 소년들과 (성인) 남자들은 손목시계를 찬다.

04 지문에 가장 적절한 주제를 고르는 문제이다. 사건 순으로 글을 나열하면서 어떻게 손목시계가 남자들의 아이템이 되었는지 말해주고 있다. 따라서 정답은 ②.
① 시계 제조에 미친 제1차 세계대전의 영향
② 어떻게 손목시계가 남자들의 아이템이 되었는가
③ 왜 회중시계는 인기를 잃었을까
④ 손목시계의 기원
⑤ 남자와 여자의 패션이 어떻게 다른가

Focusing on DETAILS

05 (a)는 앞 문장의 wristwatches를 가리키며 나머지는 모두 soldiers를 의미한다. 따라서 정답은 ①.

06 ② 초기의 손목시계의 정확성에 대해서는 언급되지 않았으며, ⑤ 튼튼하면서도 남성적인 손목시계를 만들었을 뿐 최초로 손목시계를 개발한 것은 아니다. 따라서 정답은 ②, ⑤.

직독직해

¹Once upon a time, / only women wore wristwatches. ²Men thought
옛날에는 여성들만이 손목시계를 찼다.

they were too pretty and womanly. ³They used big, manly pocket
남성들은 손목시계가 너무 예쁘고 여성스럽다고 생각했다. 그들은 대신 크고 남성적인 회중시계를 사용했다.

watches instead. ⁴During the First World War, soldiers discovered //
제1차 세계대전 중, 군인들은 알았다

that their pocket watches were too difficult to carry / on the battlefields.
회중시계를 가지고 다니기가 너무 어렵다는 것을 전쟁터에서.

⁵But they still thought // wristwatches were for women only. ⁶Then a
그러나 그들은 여전히 생각했다 손목시계가 오직 여성을 위한 것이라고.

watchmaker named Hans Wilsdorf, famous for his pocket watches, /
그때, 회중시계를 만드는 것으로 유명했던 한스 윌스도프라는 이름의 시계 제작자가

made a strong and manly wristwatch. ⁷Soon, many soldiers agreed //
튼튼하면서도 남성적인 손목시계를 만들었다. 곧, 많은 군인들은 인정했다

that wearing one was comfortable and convenient. ⁸After the war, /
손목시계를 차는 것이 편안하고 편리하다는 것을. 전쟁이 끝난 후에도

they kept wearing their wristwatches. ⁹In this way, / they showed //
군인들은 계속 손목시계를 차고 다녔다. 이런 식으로 그들은 보여줬다

that it was just fine for men to wear these things, too. ¹⁰It's great // that
남성이 손목시계를 차도 좋다는 것을. 매우 잘한 일이다

they made it okay for men to wear wristwatches. ¹¹They are useful,
군인들이 남성도 손목시계를 찰 수 있도록 한 것은. 손목시계는 실용적이고,

stylish, always changing, and fun to collect. ¹²Nowadays, / wristwatches
맵시 있고, 항상 변화하며, 수집하기에 재미있다. 오늘날, 손목시계는

are everyday items for boys and men.
남자아이와 남성들에게 일상용품이다.

해석

¹옛날에는 여성들만이 손목시계를 찼다. ²남성들은 손목시계가 너무 예쁘고 여성스럽다고 생각했다. ³그들은 대신 크고 남성적인 회중시계를 사용했다. ⁴제1차 세계대전 중, 군인들은 전쟁터에서 회중시계를 가지고 다니기가 너무 어렵다는 것을 알았다. ⁵그러나 그들은 여전히 손목시계가 오직 여성을 위한 것이라고 생각했다. ⁶그때, 회중시계를 만드는 것으로 유명했던 한스 윌스도프라는 시계 제작자가 튼튼하면서도 남성적인 손목시계를 만들었다. ⁷곧, 많은 군인들은 손목시계를 차는 것이 편안하고 편리하다는 것을 인정했다. ⁸전쟁이 끝난 후에도 군인들은 계속 손목시계를 차고 다녔다. ⁹이런 식으로 그들은 남성이 손목시계를 차도 좋다는 것을 보여줬다. ¹⁰군인들이 남성도 손목시계를 찰 수 있도록 한 것은 매우 잘한 일이다. ¹¹손목시계는 실용적이고, 맵시 있고, 항상 변화하며, 수집하기에 재미있다. ¹²오늘날, 손목시계는 남자아이와 남성들에게 일상용품이다.

6   Then **a watchmaker** [**named** Hans Wilsdorf], famous for his pocket watches, made a strong and manly
S   V

      wristwatch.

      ▶ 주어는 a watchmaker ~ Wilsdorf, 동사는 made이다. 콤마 사이에 주어를 설명하는 famous for his pocket watches가 삽입되었다.

9   ~, they showed that **it** was just fine **for** men **to wear** these things, too.
                          가주어   의미상 주어   진주어

      ▶ 가주어 it, to 이하가 진주어이다. for men은 to부정사구의 의미상 주어이다. '남성이 착용하는 것이 ~'로 해석한다.

10   It's great that they *made* it *okay* for men **to wear** wristwatches.
                           가목적어   의미상 주어   진목적어

      ▶ 가목적어 it, to 이하가 진목적어이다. to부정사구를 목적어로 해석한다.

---

3   Before Reading   (b)   본문 p.48
      Getting the BIG PICTURE   01 (c) → (a) → (b)   02 ③
      Focusing on DETAILS   03 ④   04 ⑤   05 No, treasure

해설 & 해석

Before Reading

독해에 앞서, 아래 제시된 단어와 구를 보세요.
보물찾기 / 보물 지도 / 숨기다 / 퍼즐 / 보물 상자
아마도 이 지문은 '(b) 보물찾기'에 관한 내용일 것이다.
(a) 지도 그리기   (b) 보물찾기

Getting the BIG PICTURE

01   친구들을 위해 보물찾기를 만드는 것은 재미있다.

(a) 보물이 어디 있는지 알려주는 퍼즐을 만들어라.	(b) '보물 상자'를 어떤 것으로 채우고 보물을 잘 숨겨라.	(c) 보물 지도를 그리고 찾기 쉬운 곳에 이것을 숨겨라.

     순서는 (c) → (a) → (b)이다.

02   지문에 가장 적절한 주제를 고르는 문제이다. 보물찾기의 제작 과정을 단계별로 설명해주는 내용이다. 따라서 정답은 ③.
     ① 지도 읽는 것을 가르쳐주는 게임
     ② 숨겨진 보물을 찾는 비결

③ 보물찾기 놀이를 준비하는 방법
④ 왜 보물찾기가 그렇게 유명한가
⑤ 당신의 친구로부터 숨는 최적의 장소들

Focusing on DETAILS

03   친구들이 좋아할 만한 것들로 보물 상자를 채우라고 한 후 그 보물들을 숨기라고 나와 있다. 따라서 주어진 문장 '진짜 보물처럼 황금빛의 동전 모양 초콜릿을 상자 맨 위에 올려놓아라.'가 들어갈 곳은 ④.

04   보물의 위치를 알려주는 수수께끼를 내라고 언급하고 나서, 그에 대한 예시가 이어지고 있다. 따라서 정답은 ⑤.
     ① 그러나
     ② 또한
     ③ 그 대신에
     ④ 사실
     ⑤ 예를 들어

05   밑줄 친 '당신이 만든 지도를 갖고 있지 않다면, 누구도 (보물을) 발견할 수 없어야 한다.'와 같아야 하므로 No, treasure가 정답.
     아무도 보물지도 없이 보물을 찾을 수 없게 해야 한다.

직독직해

¹It's fun to make a treasure hunt for your friends! ²First, draw your
     친구들을 위해 보물찾기를 만드는 것은 재미있다!   먼저, 보물 지도를 그려라.

treasure map. ³Include places and objects that your friends know well.
                  (지도에) 친구들이 잘 아는 장소와 물건을 넣어라.

⁴The map will show your friends // where they need to go. ⁵Hide the
    그 지도는 친구들에게 알려줄 것이다   친구들이 어디로 가야할지를   보물지도를 숨겨라

해석

¹친구들을 위해 보물찾기를 만드는 것은 재미있다! ²먼저, 보물 지도를 그려라. ³(지도에) 친구들이 잘 아는 장소와 물건을 넣어라. ⁴그 지도는 친구들이 어디로 가야 할지를 알려줄 것이다. ⁵보물 지도를 친구가 쉽게 찾을 수 있는 곳

treasure map // where your friends will find it easily ⁶Then, create a
　　　　　　친구가 쉽게 찾을 수 있는 곳에.　　　　　　　　　　다음으로, 수수께끼를 내라.

puzzle. ⁷The puzzle has to be solved / to find the location of the
　　　　　　이 수수께끼를 풀어야만 한다　　　　　보물의 위치를 알아내려면.

treasure. ⁸For example, let's say the map leads to the living room.
　　　　　　예를 들어, 지도가 거실로 안내한다고 해보자.

⁹You could make the following puzzle: "Where can 1=5 and 5=25?"
　　당신은 다음과 같은 수게끼를 만들어 볼 수 있다.　　　　"1이 5와 같고 5가 25와 같은 것은 어디 있을까?"

(Answer: a clock) ¹⁰If you make several puzzles like this, // the hunt
　　(답은 시계이다).　　　　만약 이러한 수수께끼를 여러 개 만든다면.

will be more fun. ¹¹After making all the puzzles, / fill the 'treasure
보물찾기는 더 재있어질 것이다.　　　수수께끼를 다 만들고 나면,　　　'보물 상자'를 채워라

chest' / with things that your friends would like. ¹²Put gold chocolate
　　　　　친구들이 좋아할 만한 것들로.　　　　　　　황금빛의 동전 모양 초콜릿을

coins at the top of the chest / like real treasure. ¹³Then, hide the
　　상자 맨 위에 올려놓아라　　　　　진짜 보물처럼.　　　　그리고 나서.

treasure very well. ¹⁴It should be impossible for anyone to find, //
보물을 매우 잘 숨겨라.　　　　　　누구도 (보물을) 발견할 수 없어야 한다

unless they have your map.
당신이 만든 지도를 갖고 있지 않다면.

에 숨겨라. ⁶다음으로, 수수께끼를 내라. ⁷보물의 위치를 알아내려면 이 수수께끼를 풀어야만 한다. ⁸예를 들어, 지도가 거실로 안내한다고 해보자. ⁹당신은 다음과 같은 수수께끼를 만들어 볼 수 있다. "1이 5와 같고 5가 25와 같은 것은 어디 있을까?" (답은 시계이다). ¹⁰만약 이러한 수수께끼를 여러 개 만든다면, 보물찾기는 더 재있어질 것이다. ¹¹수수께끼를 다 만들고 나면, '보물 상자'를 친구들이 좋아할 만한 것들로 채워라. ¹²진짜 보물처럼 황금빛의 동전 모양 초콜릿을 상자 맨 위에 올려놓아라. ¹³그리고 나서, 보물을 매우 잘 숨겨라. ¹⁴당신이 만든 지도를 갖고 있지 않다면, 누구도 (보물을) 발견할 수 없어야 한다.

구문해설

4 The map will **show** your friends **where** they need to go.
　　　　S　　　V　　　　IO　　　　　　DO
▶ 여기서 show는 '~에게 …을 보여주다'란 뜻으로, 두 개의 목적어를 취하는 동사로 쓰였다. 직접목적어 자리에는 where가 이끄는 절이 왔다.

7 The puzzle **has to be solved** *to find* the location of the treasure.
▶ 「have to be p.p.」는 '~되어야 한다'란 뜻으로 have to(~해야 한다)와 수동태(be. p.p.)가 합쳐진 형태. 여기서 to부정사구는 '~하기 위해서'란 뜻으로 '목적'을 나타낸다.

14 **It should be impossible** *for anyone* **to find, unless** they have your map.
　　　　　　　　　　　　　　　　　　　　= **if** they don't have ~
▶ 「It's impossible for A to+동사원형」은 'A가 ~하는 것은 불가능하다'란 뜻. unless는 '만약 ~이 아니면'이란 뜻으로 「if ~ not」으로 바꿔 쓸 수 있다.

4
Before Reading　　　　　　　(a)　　　　　　　　　　　　　　　　　　　本文 p.50
Getting the BIG PICTURE　01 camp　02 snow　03 push　04 space　05 ④
Focusing on DETAILS　　　06 (c)　07 (a) Sticks　(b) dig　(c) smooth

해설 & 해석

Before Reading

지문의 첫 단락을 읽어보세요.
아마도 이 지문은 '(a) *quinzee*를 짓는 것'에 관한 내용일 것이다.
(a) *quinzee*를 짓는 것　(b) 텐트 안에서 자는 것

Getting the BIG PICTURE

눈 속에서 01 <u>야영</u>하고 싶다면, 당신은 퀸지를 만들어야 한다.
먼저, 02 <u>눈</u>으로 작고 둥근 언덕을 만들어라.
그리고 나서, 눈 언덕 속으로 막대기를 03 <u>밀어</u> 넣어라.
입구를 파내고 밖으로 눈을 파내라.

막대기의 끝이 보일 때까지 04 공간 내부를 비워라.

05 지문에 가장 적절한 제목을 고르는 문제이다. 진정한 야영은 퀸지를 만들고 그 안에서 취침하는 것이라고 말하고 있다. 따라서 정답은 ④.
① 겨울 야영을 위한 안전수칙
② 눈에 관한 놀랄만한 사실
③ 눈 속에서 사는 것: 실제 이야기
④ 겨울 야영: 퀸지를 만들고 그 안에서 취침하는 것
⑤ 겨울 야영을 위해 퀸지를 만드는 것이 얼마나 재미있는 것인가!

06 (a)은 퀸지를 만드는 첫 번째 단계인 둥근 언덕을 만든 것이다. (b)는 막대기를 꽂고 나서 밖으로 눈을 파내는 그림이며, (c)는 퀸지 속에 큰 공간을 만든 후의 모습이다. 따라서 정답은 (c)이다.

07 (a) 막대기는 퀸지의 벽과 천장의 두께를 결정한다.
(b) 막대에 닿으면, 더 이상 파지 말아야 한다.
(c) 내부의 벽과 천장은 매끄러워져야 한다.

직독직해

¹Have you ever tried camping in the snow? ²It's great! ³To be a real snow
당신은 눈 속에서 야영해본 적이 있습니까?   그것은 정말 좋습니다!   진정한 눈밭의 야영자가

camper, / you should sleep in a *quinzee* and not in a tent. ⁴A *quinzee*
되기 위해서는   텐트가 아닌 퀸지에서 자야 합니다.   퀸지는

is a little hut made of snow. ⁵Do you want to try it? ⁶You'll be surprised /
눈으로 만든 작은 오두막입니다.   만들어보고 싶으세요?   당신은 놀라게 될 것입니다

by how warm and comfortable it is. ⁷I'll explain the steps in building
퀸지가 정말 따뜻하고 편안해서.   제가 당신만의 퀸지를 만드는 방법을 알려 드릴게요.

your own *quinzee*. ⁸First, / build a small rounded hill with snow.
먼저,   눈으로 작고 둥근 언덕을 만드세요

⁹Then, / push 12 or more 30cm-long sticks into the snow-hill. ¹⁰The
그러고 나서   30cm 길이의 막대기를 12개 혹은 그 이상 눈 언덕 속에 밀어 넣으세요.

sticks will show you / how thick to make your walls and roof. ¹¹Dig an
그 막대기는 알려줄 것입니다.   벽과 지붕을 얼마나 두껍게 만들지

entrance at ground level. ¹²Then, start digging snow out / to make a big
지상 높이에서 입구를 파내세요.   그다음, 밖으로 눈을 파내

space inside your *quinzee*. ¹³Keep digging // until you find the ends of
퀸지 속에 큰 공간을 만드세요.   계속 파내세요.   눈 속에 꽂은 막대기의 끝이 보일 때까지

the sticks in the snow. ¹⁴Don't dig past them // or your *quinzee* may
                    그 막대기를 지나쳐서 파내지는 마세요.   그렇게 한다면 퀸지가 무너져

fall down! ¹⁵Finally, / smooth the snow on the inside walls and ceiling.
내릴지 모릅니다.   마지막으로   내부의 벽과 천장에 있는 눈을 매끄럽게 만들어 주세요.

¹⁶This will stop the ice from melting. ¹⁷Your *quinzee* is ready for its
이것은 얼음이 녹는 것을 막아줄 것입니다.   (이제) 퀸지에 손님 맞을 준비가 됐습니다!

guest!

해석

¹당신은 눈 속에서 야영해 본 적이 있습니까? ²그것은 정말 좋습니다! ³진정한 눈밭의 야영자가 되기 위해서는 텐트가 아닌 퀸지에서 자야 합니다. ⁴퀸지는 눈으로 만든 작은 오두막입니다. ⁵만들어보고 싶으세요? ⁶당신은 퀸지가 정말 따뜻하고 편안해서 놀라게 될 것입니다. ⁷당신만의 퀸지를 만드는 방법을 알려 드릴게요. ⁸먼저, 눈으로 작고 둥근 언덕을 만드세요. ⁹그러고 나서 30cm 길이의 막대기를 12개 혹은 그 이상 눈 언덕 속에 밀어 넣으세요. ¹⁰그 막대기는 벽과 지붕을 얼마나 두껍게 만들지 알려줄 것입니다. ¹¹지상 높이에서 입구를 파내세요. ¹²그다음, 밖으로 눈을 파내 퀸지 속에 큰 공간을 만드세요. ¹³눈 속에 꽂은 막대기의 끝이 보일 때까지 계속 파내세요. ¹⁴그 막대기를 지나쳐서 파내지는 마세요. 그렇게 한다면 퀸지가 무너져 내릴지 모릅니다. ¹⁵마지막으로 내부의 벽과 천장에 있는 눈을 매끄럽게 만들어 주세요. ¹⁶이것은 얼음이 녹는 것을 막아줄 것입니다. ¹⁷(이제) 퀸지에 손님 맞을 준비가 됐습니다!

구문해설

1 **Have you ever tried** camping in the snow?
▶ 「Have you ever p.p. ~?」는 '~한 적이 있니?'란 뜻으로 '경험'을 나타낸다.

6 You'll be surprised **by how** warm and comfortable it is.
▶ how가 이끄는 절이 전치사 by의 목적어로 쓰였다. 「how+형용사+주어+동사」의 어순을 취한다.

14 **Don't dig** past them // **or** your *quinzee* may fall down!
▶ 「명령문+or」의 구조로 '~해라. 그렇지 않으면 …할 것이다'의 의미.

해설 & 해석

Before Reading

지문의 처음 세 문장을 읽어보세요.
아마도 이 지문은 '(a) 사람들의 행동'에 관한 내용일 것이다.
(a) 사람들의 행동   (b) 사람들을 지켜보는 것

Getting the BIG PICTURE

01   (d) 사람들은 다른 사람들이 그들을 지켜보고 있을 때 다르게 행동하는가?

02   (a) 음료와 간식 값을 지불하는 상자가 있었다. 로버트 박사는 이 상자 위에 눈이 그려진 그림을 올려두었다.

03   (c) 그 그림 밑에 있는 상자 안에 더 많은 돈이 있었다.

04   (b) 우리는 그림만으로 사람들이 더 잘 행동하게 만들 수 있다.

05   지문에 가장 적절한 요지를 고르는 문제이다. 양심 상자(honesty box) 위에 눈이 그려진 그림을 올려두었을 때, 사람들이 돈을 3배 가까이 더 많이 냈다는 실험 결과가 이어지고 있다. 이는 지켜보는 눈이 있을 때 사람들이 다르게 행동한다는 것이므로 정답은 ④.
① 다른 사람들을 돕는 것은 기분을 좋게 만든다.
② 로버트 박사는 사람들이 속이는 것에 걱정한다.
③ 정직한 직원들은 더 좋은 직원들이다.
④ 사람들은 다른 사람들이 지켜보고 있을 때 더 좋게 행동을 한다.
⑤ 사람들을 통제하는 것은 사진을 이용하는 것이 최고이다.

Focusing on DETAILS

06   빈칸에 가장 적절한 말을 고르는 문제이다. 빈칸 앞내용은 사람들은 다른 사람들이 지켜볼 때 더 좋은 행동을 한다는 것이다. 따라서 사람들은 사회적 동물이라는 것을 알 수 있다. 따라서 정답은 ①.
① 사회적 동물이다
② 매우 정직하지 못하다
③ 선택을 하는 데 있어 자유롭다
④ 돈을 쓰는 것을 좋아한다
⑤ 서로 관심이 없다

직독직해

¹Did you know that you behave differently // when eyes are looking at
다르게 행동한다는 것을 알았는가   눈이 당신을 지켜보고 있을 때?

you? ²People are said to behave differently / in groups. ³To prove this, /
사람들은 다르게 행동한다고 한다   집단 안에 있을 때.   이것을 증명하기 위해

Dr. Gilbert Robert studied office workers // who used an 'honesty box' /
길버트 로버트 박사는 사무실 직원들을 대상으로 실험했다   '양심 상자'를 이용하는

to pay for drinks and snacks. ⁴He counted // how much money each
음료와 간식 값을 내기 위해   그는 세어보았다   각 직원이 보통 얼마의 돈을 넣는지

worker normally put / in the honesty box. ⁵Then / he placed a picture
양심 상자에.   그 후.   박사는 눈이 그려진 그림을

of eyes above the box. ⁶He discovered // that every office worker paid
상자 위에 올려두었다.   그는 발견했다   모든 사무실 직원이

nearly three times more money // when the eyes were there!
거의 3배 이상의 돈을 낸 것을   눈 그림이 상자 위에 있을 때!

⁷Surprisingly, / the workers didn't know // they acted differently /
놀랍게도,   직원들은 알지 못했다   자신이 다르게 행동했다는 것을

because of the eyes. ⁸One worker said, // "Those eyes aren't real.
바로 그 눈 때문에.   한 직원이 말했다   "이 눈은 진짜가 아니에요.

They're just pictures. They won't change anything." ⁹But the study
단지 그림일 뿐이죠.   이 그림은 아무것도 바꿀 수 없어요."   그러나 그 연구는 밝혔다

found // that even a picture of eyes has power. ¹⁰With this knowledge, /
눈이 그려진 그림조차도 영향력이 있음을.   이러한 정보를 통해,

해석

¹눈이 당신을 지켜보고 있을 때 다르게 행동한다는 것을 알았는가? ²사람들은 집단 안에 있을 때 다르게 행동한다고 한다. ³이것을 증명하기 위해, 길버트 로버트 박사는 사무실 직원들을 대상으로 실험했는데, 그들은 '양심 상자'를 이용하여 음료와 간식 값을 냈다. ⁴그는 각 직원이 양심 상자에 보통 얼마의 돈을 넣는지 세어보았다. ⁵그 후, 박사는 눈이 그려진 그림을 상자 위에 올려두었다. ⁶그는 눈 그림이 상자 위에 있을 때 모든 사무실 직원이 거의 3배 이상의 돈을 낸 것을 발견했다! ⁷놀랍게도, 직원들은 바로 그 눈 때문에 자신이 다르게 행동했다는 것을 알지 못했다. ⁸한 직원이 말했다. "이 눈은 진짜가 아니에요. 단지 그림일 뿐이죠. 이 그림은 아무것도 바꿀 수 없어요." ⁹그러나 그 연구는 눈이 그려진 그림조차도 영향력이 있음을 밝혔다. ¹⁰이러한 정보를 통해, 우리는 눈이 그려진 그림을 이용해 사람들이 부도덕한 행동을 하지 못하게 할 수 있다! ¹¹정말로, 그들은 사회적 동물이다.

we could use pictures of eyes / to stop people from doing bad things!
우리는 눈이 그려진 그림을 이용할 수 있다   사람들이 부도덕한 행동을 하는 것을 막기 위해!

[11]Indeed, they are social animals.
정말로, 그들은 사회적 동물이다.

구문해설

3   To prove this, Dr. Gilbert Robert studied **office workers** [**who** used an 'honesty box' to pay for drinks and snacks].
    ▶ who가 이끄는 관계사절이 office workers를 수식하여 목적어가 길어졌다.

10   ~, we could use pictures of eyes **to stop** *people* **from doing** bad things!
    ▶ 여기서 to부정사구는 '~하기 위해서'란 뜻으로 목적을 나타낸다. 「stop A from+-ing」는 'A가 ~하지 못하게 하다'란 뜻.

Grammar & Usage

본문 p.54

01 differently   02 make   03 named   04 where   05 until

06 × → something delicious   07 × → has to be solved   08 ○

09 ③   10 ⑤

---

01   differently ㅣ 사람들은 집단 안에 있을 때 다르게 행동한다고 한다.
해설 문맥상 동사 behave를 수식하므로 부사 differently가 적절.

02   make ㅣ 밀은 곡물로, 쌀과 비슷하다. 밀은 밀가루와 빵을 만드는 데 사용된다.
해설 문맥상 '~하는 데 사용되다'라는 의미이므로 make가 적절. 「be used to+v-ing」는 '~하는 데 익숙하다'라는 의미.

03   named ㅣ 회중시계를 만드는 것으로 유명했던 한스 윌스도프라는 시계 제작자가 튼튼하면서도 남성적인 손목시계를 만들었다.
해설 A watchmaker와 name은 수동의 관계이므로 named가 적절.

04   where ㅣ 보물 지도는 친구들이 어디로 가야 할지를 알려줄 것이다.
해설 문맥상 '어디로 가야 할지를'의 의미이므로 의문사 where가 적절.

05   until ㅣ 당신이 눈으로 만든 작은 오두막, 퀸지를 만들 때 눈 속의 막대기의 끝이 보일 때까지 계속 파내세요.
해설 문맥상 '~할 때까지'라는 의미로 어떠한 상태의 계속을 나타내는 until이 적절. before는 '~ 전에'라는 의미.

06   × → something delicious ㅣ 손님들이 헬스 리조트의 아침식사를 좋아하지 않기 때문에 존과 그의 동생, 윌은 맛있으면서 고기가 들어가

지 않는 아침식사를 만들기 위해 노력했다.
해설 -thing으로 끝나는 명사를 수식할 때는 형용사가 명사 뒤에 위치한다.

07   × → has to be solved ㅣ 당신이 보물찾기를 할 때, 보물의 위치를 알아내려면 수수께끼를 풀어야만 한다.
해설 문맥상 퍼즐이 풀어지는 것이므로 수동태가 적절.

08   ○ ㅣ 길버트 로버트 박사의 연구는 눈이 그려진 그림조차도 영향력이 있음을 밝혔다.
해설 of eyes는 a picture를 꾸미는 전명구이고, 주어가 단수이므로 단수 동사가 적절.

09   ③ ㅣ 제1차 세계대전 중, 군인들은 전쟁터에서 회중시계를 가지고 다니기가 너무 어렵다는 것을 알았다.
해설 명사구를 수식하는 전치사 자리이고, 문맥상 '~하는 동안'이라는 의미이므로 During이 적절.

10   ⑤ ㅣ 우리는 눈이 그려진 그림을 이용해 사람들이 부도덕한 행동을 하지 못하게 할 수 있다!
해설 전치사 from의 목적어 자리이므로 동명사 doing이 적절. 「stop A from+-ing」는 'A가 ~하지 못하게 하다'라는 의미.

Myth & Truth

Quick Check

본문 p.56

❶	❷	❸	❹	❺
01. f	01. b	01. c	01. d	01. b
02. d	02. d	02. e	02. h	02. a
03. b	03. f	03. f	03. a	03. f
04. e	04. a	04. d	04. e	04. e
05. c	05. c	05. a	05. g	05. c
06. a	06. e	06. b	06. b	06. d
			07. c	
			08. f	

1

Before Reading	(a)	본문 p.58
Getting the BIG PICTURE	01 (a) 02 (c) 03 ④	
Focusing on DETAILS	04 (c) 05 ⑤	

해설 & 해석

Before Reading

지문의 처음 세 문장을 읽어보세요.
아마도 이 지문이 기사가 '(a) 되는 것'에 관한 내용일 것이다.
(a) 되는 것 (b) 되는 방법

Getting the BIG PICTURE

사회적 통념: 중세시대의 기사들은 01 (a) 멋진 삶을 살았다.

↕

진실: 기사가 되는 것은 많은 돈이 02 (c) 들었다. 　　　기사들은 모든 것에 돈을 지불해야 했다.

↕

1. 그들을 위해 일하는 어린 남자아이들
2. 그들의 장비들: 무기들, 갑옷, 그리고 말

01 (a) 멋진 (b) 힘든 (c) 긴

02 (a) (돈을) 벌다 (b) 저축하다 (c) (돈이) 들다

03 지문에 가장 적절한 주제를 고르는 문제이다. 이 글은 중세시대의 기사

들은 멋진 삶을 살았을 거란 사회적 통념을 말해주고 이에 대한 진실을
보여주는 글이다. 따라서 정답은 ④.
① 기사가 되는 비결
② 경마는 왜 흥미로운가
③ 기사들을 위해 일했던 사람들
④ 중세시대에 기사가 된다는 것
⑤ 무기들과 갑옷은 어떻게 만들어졌는가

Focusing on DETAILS

04 본문의 saved는 '구했다'라는 뜻이다. 따라서 정답은 (c).
　　(a) 나는 새 자전거를 위해 저축하고 있다.
　　(b) 저를 위해 음식을 남겨주세요.
　　(c) 그녀는 물속으로 떨어지는 어린 소녀를 구했다.

05 빈칸 바로 뒤에 있는 문장을 보면, 자신들을 위해 일하는 소년들에게
　　돈을 지급하고, 비싼 무기와 갑옷, 말을 구입해야 했으므로 중세시대 기
　　사의 생활에는 '돈이 많이 들었다'는 것을 알 수 있다. 따라서 정답은 ⑤.
　　① 지루한　　② 외로운　　③ 쉬운
　　④ 위험한　　⑤ 돈이 많이 드는, 비싼

직독직해

¹"**A knight in shining armor** / came on his white horse // and saved the
　　"빛나는 갑옷을 입은 기사가　　　　　　　백마를 타고 왔다　　　　　　　그리고 공주를 구했습니다."

해석

¹"빛나는 갑옷을 입은 기사가 백마를 타고 와서
공주를 구했습니다." ²이 말이 로맨틱하게 들리

princess." ²Does that sound romantic to you? ³Maybe it does, // but the
이 말이 로맨틱하게 들리는가?   아마도 그럴 것이다

life of a knight in the Middle Ages / was expensive. ⁴Each knight had
하지만 중세시대 기사의 생활에는   돈이 많이 들었다.   각각의 기사는

to pay for two or three young men / who cooked and cleaned for him.
두세 명의 어린 남자아이들에게 돈을 지불해야만 했다   기사를 위해 요리를 하고 청소를 해주던.

⁵His weapons were very high in price // because they were handmade.
기사의 무기는 매우 비쌌다   이는 무기가 수공예로 만들어졌기 때문이다.

⁶And a knight had to dress in shining metal / called armor. ⁷As armor
그리고 기사는 빛나는 금속 옷을 입어야 했다   갑옷이라고 불리는.   갑옷 또한

was also handmade, // he had to spend a lot of money on it, too.
수공예품이었기 때문에.   기사는 갑옷에도 많은 돈을 쓸 수밖에 없었다.

⁸But the highest price of all / was for the knight's horse. ⁹You could
그러나 그중에서도 가장 비쌌던 것은   기사의 말이었다.   당신은

not buy a horse // unless you were very, very rich. ¹⁰That's why // horse
당신은 말을 살 수 없었다   굉장한 부자가 아니면.   그것이 바로 ~인 이유다

racing is called the "sport of kings."
승마가 "왕의 스포츠"라고 불리는.

는가? ³아마도 그럴 것이다. 하지만, 중세시대
기사의 생활에는 돈이 많이 들었다. ⁴각각의 기
사는 기사를 위해 요리를 하고 청소를 해주던
두세 명의 어린 남자아이들에게 돈을 지불해야
만 했다. ⁵기사의 무기는 매우 비쌌는데, 무기가
수공예로 만들어졌기 때문이다. ⁶또한, 기사는
갑옷이라고 불리는 빛나는 금속 옷을 입어야 했
다. ⁷갑옷 또한 수공예품이었기 때문에, 기사는
갑옷에도 많은 돈을 쓸 수밖에 없었다. ⁸그러나
그중에서도 가장 비쌌던 것은 기사의 말이었다.
⁹굉장한 부자가 아니면, 말을 살 수 없었다.
¹⁰그것이 바로 승마가 "왕의 스포츠"라고 불리
는 이유다.

구문해설

2   Does that **sound romantic** to you?
   ▶ 「sound+형용사」는 '~하게 들리다'란 뜻.

8   But **the highest** price **of** all / was for the knight's horse.
   ▶ 「the+-est ~ of...」는 최상급 표현으로 '... 중에 가장 ~한'이란 뜻.

10 **That's why** horse racing is called the "sport of kings."
                  ───────── ──────────
                     S'   V'
   ▶ 「that's why ~」는 '그것이 바로 ~인 이유다'란 뜻으로 뒤에 주어와 동사를 갖춘 절이 와야 한다.
   ex) You lied to me. **That's why** I *want* to break up with you! (넌 내게 거짓말을 했어. 그게 바로 내가 너와 헤어지려는 이유야!)

---

2   Before Reading   (a)   본문 p.60
      Getting the BIG PICTURE   01 (c) 02 (b) 03 (a) 04 ⑤
      Focusing on DETAILS   05 unclear 06 ①

해설 & 해석

Before Reading

지문의 처음 세 문장을 읽어보세요.
아마도 이 지문은 다른 사람들의 '(a) 마음'을 이해하는 것에 관한 내용일 것
이다.
(a) 마음 (b) 말하는 것

Getting the BIG PICTURE

사회적 통념: 01 (c) 침묵의 메시지는 다른 사람들에게 보내질 수 있다.
                                ↑

진실: 침묵의 메시지는 종종 02 (b) 잘못 해석된다.
                        ↑

예시: 한 소년이 그의 여자 친구에게 침묵의 메시지를 보낸다. 그는 그녀가
그와 03 (a) 함께하길 원한다. 그러나 그녀는 그가 간격을 두고 싶어 하는
것으로 생각한다.

01 (a) 우리의 이야기 (b) 문자 메시지 (c) 침묵의 메시지

02 (a) 조용하게 (b) 잘못 (c) 정중하게

03 (a) 함께하다 (b) 도와주다 (c) 기억하다

04 글쓴이의 요지를 고르는 문제이다. 이 글은 말을 하지 않으면서 다른

사람이 자신의 마음을 알아주길 원하는 사람들이 있는데, 무언의 메시지는 불명확해서 전달되기 어려우므로 자신의 감정을 이야기해야 한다는 내용이다. 따라서 정답은 ⑤.

Focusing on DETAILS

05 주어진 단어 앞 내용은 침묵의 메시지가 쉽게 이해될 것이라 생각했다는 것이고, 주어진 단어가 포함된 문장은 '유감스럽게도(Unfortunately,

~)'라는 말로 시작하므로 앞 내용과 상반되는 내용이 나와야 한다. 따라서 정답은 unclear(불명확한).

06 빈칸 앞에는 남자 친구가 말하지 않아도 여자 친구 스스로 침묵의 메시지를 알아야 한다고 나와 있지만, 빈칸 뒤에 나오는 내용은 여자 친구는 그 메시지를 해석하지 못한다는 내용이다. 따라서 빈칸에는 역접의 연결어가 적절하므로 정답은 ①.
① 그러나   ② 예를 들어   ③ 간단히 말해
④ 그러므로   ⑤ 게다가

직독직해

¹Some people, without saying anything, / expect others to know // what
  어떤 사람들은 아무것도 말하지 않아도   다른 사람들이 알길 기대한다

they think, feel, and want. ²These people send out silent messages all
  자신이 무엇을 생각하고 느끼고 원하는지를.   이러한 사람들은 항상 침묵의 메시지를 보낸다.

the time. ³They think their messages will be understood easily.
    그들은 자신의 메시지가 쉽게 이해될 거라고 생각한다.

⁴Unfortunately, / unspoken messages are too unclear. ⁵For example,
  유감스럽게도   무언의 메시지는 너무나 불명확하다.   예를 들어,

there is a boy. ⁶His girlfriend is having a good time talking / with some
  한 소년이 있다.   그 소년의 여자 친구는 이야기를 나누면서 좋은 시간을 보내고 있다

male friends of hers. ⁷The boyfriend moves a short distance away.
  몇몇의 남자인 친구들과.   그 남자 친구는 조금 떨어진 곳으로 옮겨간다.

⁸He wants his girlfriend to come with him, // but he doesn't want to
  그는 여자 친구가 그를 따라오길 원한다   하지만, 그는 그녀에게 그런 부탁을 하길 원치 않는다

ask her / in front of the other boys. ⁹So he turns his back to her // and
  다른 소년들 앞에서.   그래서 그는 그녀에게서 등을 돌리고

makes his face look sad and mad. ¹⁰He thinks, // "I won't ask. She
  슬프고 화난 표정을 짓는다   그는 생각한다   "나는 (말로) 부탁하지 않을 거야.

should know that I want her to come to me." ¹¹However, his girlfriend
  그녀가 내 곁으로 오길 바란다는 걸 그녀 스스로 알아야 해."   그러나, 그의 여자 친구는 그를 보고 생각한다

sees him and thinks, // "He looks like he wants to be alone." ¹²In this
    "그는 혼자 있기를 원하는 것 같아."   이런 경우에

case, / the boy should have told his feelings to his girlfriend. ¹³She can't
  그 소년은 여자 친구에게 자신의 감정을 말했어야 한다.   그녀는

read his mind. ¹⁴It's not very smart of him to expect her to.
  그의 마음을 읽을 수가 없다.   그녀가 그의 마음을 읽을 거라고 기대하는 건 그리 현명한 생각은 아니다.

해석

¹어떤 사람들은 아무것도 말하지 않아도 다른 사람들이 자신이 무엇을 생각하고 느끼고 원하는지를 알길 기대한다. ²이러한 사람들은 항상 침묵의 메시지를 보낸다. ³그들은 자신의 메시지가 쉽게 이해될 거라고 생각한다. ⁴유감스럽게도 무언의 메시지는 너무나 불명확하다. ⁵예를 들어, 한 소년이 있다. ⁶그 소년의 여자 친구는 몇몇의 남자 친구들과 이야기를 나누면서 좋은 시간을 보내고 있다. ⁷그 남자 친구는 조금 떨어진 곳으로 옮겨간다. ⁸그는 여자 친구가 그를 따라오길 원한다. 하지만, 그는 다른 소년들 앞에서 그녀에게 그런 부탁을 하길 원치 않는다. ⁹그래서 그는 그녀에게서 등을 돌리고 슬프고 화난 표정을 짓는다. ¹⁰그는 생각한다. "나는 (말로) 부탁하지 않을 거야. 그녀가 내 곁으로 오길 바란다는 걸 그녀 스스로 알아야 해." ¹¹그러나 그의 여자 친구는 그를 보고 생각한다. "그는 혼자 있기를 원하는 것 같아." ¹²이런 경우에 그 소년은 여자 친구에게 자신의 감정을 말했어야 한다. ¹³그녀는 그의 마음을 읽을 수가 없다. ¹⁴그녀가 그의 마음을 읽을 거라고 기대하는 건 그리 현명한 생각은 아니다.

구문해설

12 In this case, the boy **should have told** his feelings to his girlfriend.
  ▶「should have p.p.」는 '~했어야 하는데 (하지 않았다)'의 의미. 과거의 일에 대해 후회하거나 비난할 때 사용한다.

14 It's not very smart **of** him **to** expect her to (*read his mind*).
  가주어   의미상 주어   진주어
  ▶ 가주어 It이 진주어인 to부정사구를 대신한다. of him은 to부정사의 의미상 주어. smart와 같이 사람의 성격, 성질을 나타내는 형용사가 쓰이면 의미상 주어에 of를 쓴다. cf. It's *kind* **of** you to say that. (그렇게 말씀해주시니 감사합니다.)
  expect her to 뒤에 read his mind가 생략되었다.

3

본문 p.62

Before Reading **(a)**

Reading & Writing Tip **(b)**

Getting the BIG PICTURE　01 **(b)**　02 **(a)**　03 **(c)**　04 **③**

Focusing on DETAILS　05 **③**

해설 & 해석

Before Reading

지문의 처음 세 문장을 읽어보세요.

아마도 이 지문은 사람들이 '(a) 질문할' 때 그들을 바라보는 것에 관한 내용일 것이다.

(a) 질문할　(b) 대답할

Reading & Writing Tip

사회적 통념: 화는 부정적인 감정이다.

진실: 화는 정상적이고 건강한 감정이다.

진실을 뒷받침하지 않는 내용은 (b)이다.

(a) 모든 사람은 가끔씩 화가 난다.

(b) 집과 일터에서 이것은 문제들을 일으킬 수 있다.

Getting the BIG PICTURE

사회적 통념: 우리는 부모님과 선생님이 우리에게 질문을 할 때 그들을 01 **(b)** 바라봐야 한다.

↕

진실: 우리는 대답에 관해 잘 02 **(a)** 생각하면서 동시에 그들을 바라볼 수 없다.

↑

이유: 우리의 뇌는 매우 03 **(c)** 바빠 두 가지 일을 할 수 없다.

01 (a) 대답하다 (b) 바라보다 (c) 고마워하다

02 (a) 생각하다 (b) 말하다 (c) 듣다

03 (a) 빠른 (b) 피곤한 (c) 바쁜

04 글쓴이의 요지를 고르는 문제이다. '질문에 대답을 잘하려면 질문자의 얼굴을 쳐다보지 말라(But if you want to give your best answer, it's better not to look.)'고 한 다음, 그 이유와 구체적인 실험 결과를 제시하고 있다. 따라서 정답은 ③.

Focusing on DETAILS

05 이 글은 '질문자를 쳐다보지 않을 때 대답을 더 잘할 수 있다'는 내용이다. 따라서 이 글의 전체적인 흐름과 무관한 문장은 ③ Problem solving ~ mathematics. (문제를 푸는 것은 수학을 연구하는 데 특별히 중요하다.)이다.

직독직해

[1]"Look at me when I ask you a question!" [2]Have you heard this from your parents or teachers? [3]They might think // you are paying more attention to them // when you are looking at them. [4]But if you want to give your best answer, // it's better not to look. [5]That's because // when you look at a real face, // parts of your brain become very busy // and it can be more difficult to think clearly. [6]In an experiment, / five-year-old kids solved math questions more quickly and correctly // when

해석

[1]"내가 너에게 질문을 할 때는 날 봐야지!" [2]당신은 부모님이나 선생님으로부터 이런 말을 들어본 적이 있는가? [3]부모님과 선생님은 당신이 그들을 쳐다볼 때, 자신에게 더 집중하고 있다고 생각하실지 모른다. [4]그러나 가장 훌륭한 대답을 하길 원한다면, 쳐다보지 않는 것이 더 낫다. [5]그것은 왜냐하면 당신이 실제 얼굴을 쳐다볼 때, 뇌의 일부분이 매우 바쁘게 움직여서 명확하게 생각하는 것이 더 어려워질 수 있기 때문이다. [6]한 실험에서 5세 아이들은 시험자의 얼굴에서 눈길을 돌렸을 때, 수학 문제를 더 빠르고 정확하게 풀었다. [7]문제를 푸는 것은 수학을 연구하는 데 있어 특별히 중요하다. [8]게다가, 또

they looked away from the tester's face. ⁷Problem solving has a special
그들이 시험자의 얼굴에서 눈길을 돌렸을 때.　　　　　　　　문제를 푸는 것은 특별히 중요하다

importance / in the study of mathematics. ⁸Besides, another study
수학을 연구하는 데 있어　　　　　게다가, 또 다른 연구는 증명했다

showed // that kids naturally look away // when thinking about how to
아이들이 자연스럽게 눈을 돌린다는 것을　　　　　질문에 어떻게 답할지 생각할 때.

answer a question. ⁹So go ahead, look away. ¹⁰It's only natural!
그러므로 망설이지 말고, 눈길을 돌려라.　　　자연스러운 일이다!

다른 연구는 아이들이 질문에 어떻게 답할지 생각할 때, 자연스럽게 눈을 돌린다는 것을 증명했다. ⁹그러므로 망설이지 말고, 눈길을 돌려라. ¹⁰자연스러운 일이다!

구문해설

3　They might think (**that**) you are paying more attention to them // when you are looking at them.
　　S　　V　　　　　　　　　　O
　　▶ that절 내에 when이 이끄는 절이 이어져서 목적어가 길어졌다. 이런 경우, when 앞에서 끊어 읽도록 한다.

5　~ **it** can be more **difficult to think** clearly.
　　가주어　　　　　　　진주어
　　▶ 「it is difficult to+동사원형」은 '~하는 것이 어렵다'라는 뜻으로 it은 가주어, to 이하가 진주어이다.

4　Before Reading　　　　　(a)　　　　　　　　　　　　　　　　　　　　본문 p.64
　　Getting the BIG PICTURE　01 (a)　02 (b)　03 (c)　04 ②
　　Focusing on DETAILS　　　05 ④　06 (b)

해설 & 해석

Before Reading

지문의 처음 세 문장을 읽어보세요.
아마도 이 지문은 '(a) 부와 행복'에 관한 내용일 것이다.
(a) 부와 행복　(b) 경제적 성공

Getting the BIG PICTURE

┌───┐
│ 사회적 통념: 한 나라의 가치는 그 나라의 01 (a) 부에 달려있다. │
└───┘
　　　　　　　　　　　　↑
┌───┐
│ 진실: 한 나라의 가치는 그것으로 02 (b) 판단될 수 없다. │
└───┘
　　　　　　　　　　　　↑
┌───┐
│ 예시: 부탄을 포함한 몇몇 국가들은 부와 행복이 꼭 03 (c) 같이 가는 것 │
│ 은 아니라는 것을 보여준다. │
└───┘

01　(a) 부　(b) 역사　(c) 사람들

02　(a) 보호받다　(b) 판단되다　(c) 사용되다

03　(a) 이유 없이 발생하다　(b) 더 안 좋게 만들다　(c) 같이 가다

04　지문에서 말하고자 하는 바를 고르는 문제이다. 국가의 가치를 그 나라

의 부로 판단할 수 없다는 내용이므로 정답은 ②.
① 보는 것이 믿는 것이다. (백문이 불여일견)
② 돈으로 행복을 살 수 없다.
③ 하나의 돌멩이로 두 마리의 새를 잡는다. (일석이조)
④ 한 푼 아낀 것은 한 푼 번 것이나 마찬가지이다.
⑤ 돈을 빌려주면 친구를 잃는다.

Focusing on DETAILS

05　빈칸에 들어갈 적절한 말을 고르는 문제이다. 빈칸 다음에 부탄의 왕은 국민이 그들의 삶에 즐거움을 느끼길 원하고(Most of all ~ their lives.), 부탄 정부는 국민들에게 가능한 최고의 삶을 제공하는 것을 목표로 한다(So, the government ~ the people.)는 내용이 이어진다. 따라서 빈칸을 포함한 문장은 부탄에서는 '행복'을 가장 중요하게 여긴다는 내용이 되어야 자연스럽다. 따라서 정답은 ④.
① 환경　② 건강　③ 돈　④ 행복　⑤ 교육

06　본문의 interests는 '이해관계, 이익'이란 뜻이다. 따라서 정답은 (b).
(a) 나는 이자를 붙여 그 돈을 갚기로 합의했다.
(b) 더 많은 공원을 만드는 것은 공공의 이익이다.
(c) 벤은 한국어를 배우는 데 관심을 보여왔다.

¹We normally judge the value of a country / by how successful its
우리는 일반적으로 한 나라의 가치를 판단한다   그 나라의 경제가 얼마나 성공적인지로.

economy is. ²We think // that the wealthiest countries must have the
우리는 생각한다   가장 부유한 나라에 가장 행복한 국민이 살고 있음에 틀림없다고.

most happy people. ³However, that's not true. ⁴A good example that
그러나 그것은 사실이 아니다.   그것이 사실이 아님을

shows us it isn't true / is Bhutan, a tiny kingdom in the Himalayas.
보여주는 좋은 예가 바로   히말라야 산맥 속에 있는 작은 왕국, 부탄이다.

⁵The King of Bhutan believes // that happiness is the most important
부탄의 왕은 믿는다   산업이 아니라 행복이 국민에게 가장 중요한 것이라고.

thing for his people, not business. ⁶Most of all, / the King of Bhutan
무엇보다도,   부탄의 왕은 원한다

wants / his people to feel good and to enjoy their lives. ⁷He believes //
국민이 즐거워하고 그들의 삶을 즐기기를.   그는 믿는다

wealth should be shared among all the people // and that business
부(富)는 모든 사람들에게 분배되어야 한다고   그리고 사업적이해관계는

interests must be balanced / with cultural traditions and the natural
균형을 이루어야 한다고   문화 전통 및 자연환경과.

environment. ⁸So, the government of Bhutan aims to create the best
그래서 부탄 정부는 가능한 한 최고의 삶을 만들어 주는 것을 목표로 삼고 있다

possible life / for the people. ⁹They also think a good life is more
국민에게.   국민들 역시 행복한 삶이 더 중요하다고 생각한다

important / than a rich life. ¹⁰Maybe this is why // Bhutan has been
부유한 삶보다.   아마도 이러한 점이 바로 ~인 이유일 것이다

ranked 8th in the world on a 'Happiest Nations' list. ¹¹The wealthiest
부탄이 '가장 행복한 나라' 명단에 세계 8위로 오른.   가장 부유한 나라인

country, America, is at number 20, // and wealthy Korea is at 102.
미국은 20위에,   그리고 부유한 나라인 한국은 102위에 올랐다.

¹우리는 일반적으로 한 나라의 가치를 그 나라의 경제가 얼마나 성공적인지로 판단한다. ²우리는 가장 부유한 나라에 가장 행복한 국민이 살고 있음에 틀림없다고 생각한다. ³그러나 그것은 사실이 아니다. ⁴그것이 사실이 아님을 보여주는 좋은 예가 바로 히말라야 산맥 속에 있는 작은 왕국, 부탄이다. ⁵부탄의 왕은 산업이 아니라 행복이 국민에게 가장 중요한 것이라고 믿는다. ⁶무엇보다도, 부탄의 왕은 국민이 즐거워하고 그들의 삶을 즐기기를 원한다. ⁷그는 부(富)는 모든 사람들에게 분배되어야 하고 사업적 이해관계는 문화 전통 및 자연환경과 균형을 이뤄야 한다고 믿는다. ⁸그래서 부탄 정부는 국민에게 가능한 한 최고의 삶을 만들어 주는 것을 목표로 삼고 있다. ⁹국민들 역시 행복한 삶이 부유한 삶보다 더 중요하다고 생각한다. ¹⁰아마도 이러한 점이 바로 부탄이 '가장 행복한 나라' 명단에 세계 8위로 오른 이유일 것이다. ¹¹가장 부유한 나라인 미국은 20위에, 부유한 나라인 한국은 102위에 올랐다.

구문해설

4   **A good example** [**that** shows us (*that*) it isn't true] is **Bhutan**, a tiny kingdom in the Himalayas.
     S
     ▶ A good example을 that절이 수식하여 주어가 길어졌다. 콤마 뒤에 Bhutan에 대한 구체적인 설명이 이어지고 있다. '부탄 = 히말라야의 작은 왕국'

6   ~, the King of Bhutan **wants** his people **to feel** good *and* **to enjoy** their lives.
              V   O   C₁   C₂
     ▶ 「want+목적어+to부정사」의 구조로 '~가 …하길 원하다'의 뜻. 두 개의 to부정사구가 and로 연결되었다.

7   He believes (**that**) wealth **should be shared** among all the people // *and* **that** business interests **must be**
     balanced / with cultural traditions and the natural environment.
     ▶ 두 개의 that절이 and로 연결된 구조. 두 절에 각각 「should be p.p.」, 「must be p.p.」가 쓰여 '~이 되어야 한다'란 의미를 나타낸다.

10   ~ why Bhutan **has been ranked** 8th in the world on a 'Happiest Nations' list.
     ▶ 「have been p.p.」는 현재완료(have p.p.)와 수동태(be p.p.)가 합쳐진 형태. '~이 되어 왔다'의 뜻으로 여기서는 '부탄이 8위에 올랐다'란 결과의 의미를 나타낸다.

5

Before Reading   famous

Getting the BIG PICTURE   01 (a)   02 (c)   03 (b)   04 ⑤

Focusing on DETAILS   05 ⑤   06 아나운서가 되겠다는 꿈에 집착하지 마라.

해설 & 해석

Before Reading

지문의 처음 세 문장을 읽고 빈칸을 채우세요.

아마도 이 지문은 '유명해지는' 방법에 관한 내용일 것이다.

Getting the BIG PICTURE

질문: 우리가 유명해지려면 무엇을 해야 하는가?
사회적 통념: 우리는 우리가 원하는 것을 해야 한다.

↑

진실: 사람들은 그들이 하는 일에 01 (a) 재능이 전혀 없어 실패한다.

예시: 만약 당신이 좋은 목소리를 02 (c) 타고나지 않았다면 유명한 스타 아나운서가 되지 않을 것이다. 작가가 되는 것이 03 (b) 나을 것이다.

01 (a) 재능 (b) 도움 (c) 생각

02 (a) 친숙한 (b) 만족한 (c) 타고난

03 (a) 비슷한 (b) 나은 (c) 슬픈

04 글쓴이의 요지를 고르는 문제이다. 이 글은 하고 싶지만 재능이 없는 일에 매달리기보다는 잘할 수 있는 일을 선택하라는 내용이다. 따라서 정답은 ⑤.

① 당신의 재능을 행복하게 여겨라.

② 실패할 것이라는 생각을 절대 하지 마라.

③ 당신의 약점을 드러내는 것을 두려워하지 마라.

④ 지금 시작하면 꿈을 실현할 수 있다.

⑤ 당신이 가진 재능을 토대로 꿈을 키워라.

Focusing on DETAILS

05 ⑤ 앞 문장에서 '재능이 없어서 실패하는 사람들을 봐왔다'고 하고, 뒤에는 '그러나 이것은 당신을 위해서는 옳지 않다'고 말하고 있으므로 주어진 문장은 이 중간에 들어가야 한다. 따라서 정답은 ⑤.

'단지 하고 싶은 일을 하는 것은 잠시 효과가 있을지도 모른다.'

06 of 이하가 your dream을 구체적으로 설명해주고 있다. '어떤 꿈? 아나운서가 되겠다는 꿈'이란 뜻으로 밑줄 친 부분의 해석은 '아나운서가 되겠다는 꿈에 집착하지 마라.'이다.

직독직해

¹Do you want to be famous? ²Then, what should you do? ³People
당신은 유명해지고 싶은가?   그렇다면 무엇을 해야 할까?

usually say, // "Just do what you want to do!" ⁴Is it good advice? ⁵I'm
사람들은 보통 말한다.   "네가 하고 싶은 일을 하면 돼!"라고.   이것이 좋은 조언일까?

not sure. ⁶I've seen people fail // because they have no talent for their
잘 모르겠다.   나는 실패하는 사람들을 봐왔다   자신의 일에 재능이 없어서.

jobs. ⁷Just doing what you want to do / may work for a while. ⁸But it
단지 하고 싶은 일을 하는 것은   잠시 효과가 있을지도 모른다.

may not be right for you. ⁹Let's say you want to be a television news
그러나 당신을 위해서는 옳지 않다.   당신이 텔레비전 뉴스 아나운서가 되고 싶다고 해보자.

announcer. ¹⁰If your voice sounds awful // and you start to sweat badly
당신의 목소리가 불쾌감을 준다면.   그리고 땀을 몹시 흘리기 시작한다면.

as soon as you look at the camera, // you will probably never be a star.
카메라를 보자마자   당신은 아마도 절대 스타가 될 수 없을 것이다.

¹¹Now imagine this: while you are trying hard to be a star announcer, //
이제 이렇게 상상해봐라   당신이 스타 아나운서가 되려고 열심히 노력하는 동안.

you discover // you have a gift for writing news. ¹²Don't stick to your
당신은 발견하게 된다고   당신에게 뉴스를 작성하는 재능이 있다는 것을.

dream of being an announcer. ¹³Relax, think again, // and become the
아나운서가 되겠다는 꿈에 집착하지 마라.   긴장을 풀고 다시 생각해봐라.

해석

¹당신은 유명해지고 싶은가? ²그렇다면 무엇을 해야 할까? ³사람들은 보통 "네가 하고 싶은 일을 하면 돼!"라고 말한다. ⁴이것이 좋은 조언일까? ⁵잘 모르겠다. ⁶나는 자신의 일에 재능이 없어서 실패하는 사람들을 봐왔다. ⁷단지 하고 싶은 일을 하는 것은 잠시 효과가 있을지도 모른다. ⁸그러나 당신을 위해서는 옳지 않다. ⁹당신이 텔레비전 뉴스 아나운서가 되고 싶다고 해보자. ¹⁰당신의 목소리가 불쾌감을 주는 데다, 카메라를 보자마자 땀을 몹시 흘리기 시작한다면, 당신은 아마도 절대 스타가 될 수 없을 것이다. ¹¹이제 이렇게 상상해봐라. 당신이 스타 아나운서가 되려고 열심히 노력하는 동안, 당신에게 뉴스를 작성하는 재능이 있다는 것을 발견하게 된다고. ¹²아나운서가 되겠다는 꿈에 집착하지 마라. ¹³긴장을 풀고 다시 생각해봐라. 그리고 업계 최고의 기자가 되어라! ¹⁴내 말을 믿어라. 당신은 더 행복해지고 더 성공하게 될 것이다.

best news writer in the business! ¹⁴Believe me, // you'll be happier
그리고 업계 최고의 기자가 되라!   내 말을 믿어라.   당신은 더 행복해지고

and more successful.
더 성공하게 될 것이다.

구문해설

7 Just **doing** *what you want to do* may work for a while.
            S   V

▶ 동명사구(Just doing ~ to do)가 주어, may work가 동사. what이 이끄는 절이 doing의 목적어로 쓰여 주어가 길어졌다. '~하는 것'이라고 해석한다.

12 Don't stick to your dream **of** being an announcer.

▶ of 이하가 your dream을 구체적으로 설명해주고 있다.

Grammar & Usage

본문 p.68

01 who   02 to feel   03 them   04 what   05 fail

06 × → was   07 ○   08 × → be understood   09 ④

10 ②

---

01 who | 중세시대에 각각의 기사는 기사를 위해 요리를 하고 청소를 해주던 두세 명의 남자아이들에게 돈을 지불해야만 했다.

해설 문맥상 two or three young men을 꾸며주는 관계사절을 이끄는 관계대명사 자리이고 선행사가 사람이므로 who가 적절.

02 to feel | 부탄의 왕은 국민이 즐거워하고 그들의 삶을 즐기기를 원한다.

해설 동사 want의 목적격 보어 자리이므로 to feel이 적절.

03 them | 부모님과 선생님은 당신이 그들을 쳐다볼 때, 자신에게 더 집중하고 있다고 생각하실지 모른다.

해설 전치사 to의 목적어 자리이고 문맥상 Your parents or teachers를 가리키므로 3인칭 복수의 목적격 대명사 them이 적절.

04 what | 어떤 사람들은 아무것도 말하지 않아도 다른 사람들이 자신이 무엇을 생각하고 느끼고 원하는지를 알길 기대한다.

해설 선행사가 없이 know의 목적어로 쓰이는 명사절을 이끌고 있으므로 관계대명사 what이 적절.

05 fail | 나는 자신의 일에 재능이 없어서 실패하는 사람들을 봐왔다.

해설 지각동사 see의 목적격 보어 자리이므로 동사원형 fail이 적절.

06 × → was | 중세시대 기사의 생활에는 돈이 많이 들었다. 그중에서도 가장 비쌌던 것은 기사의 말이었다.

해설 문맥상 전명구인 of all의 수식을 받는 The highest price가 주어이

므로 단수동사 was가 적절.

07 ○ | 우리는 일반적으로 한 나라의 가치를 그 나라의 경제가 얼마나 성공적인지로 판단한다.

해설 의문사 how가 이끄는 간접의문문이므로 「의문사+주어+동사」 어순은 적절.

08 × → be understood | 어떤 사람들은 항상 침묵의 메시지를 보낸다. 그들은 자신의 메시지가 쉽게 이해될 거라고 생각한다.

해설 문맥상 메시지가 이해되어지는 것이므로 수동태인 be understood가 적절.

09 ④ | • 중세시대에는 광장한 부자가 아니면, 말을 살 수 없었다. 그것이 바로 승마가 "왕의 스포츠"라고 불리는 이유다.
• 한 연구는 아이들이 질문에 어떻게 답할지 생각할 때, 자연스럽게 눈을 돌린다는 것을 증명했다.

해설 첫 번째 문장은 문맥상 '~하지 않는다면'이라는 의미의 unless가 적절. 두 번째 문장은 문맥상 '~할 때'라는 의미의 when이 적절.

10 ② | 가장 훌륭한 대답을 하길 원한다면, 쳐다보지 않는 것이 더 낫다. 그것은 왜냐하면 당신이 실제 얼굴을 쳐다볼 때, 뇌의 일부분이 매우 바쁘게 움직여서 명확하게 생각하는 것이 더 어려울 수 있기 때문이다.

해설 첫 번째 문장은 동사 become의 주격 보어 자리이고 very가 수식하므로 형용사 busy가 적절. 두 번째 문장은 동사 think를 수식하는 자리이므로 부사 clearly가 적절.

Chapter 05

Comparison / Contrast

Quick Check

본문 p.70

①	②	③	④	⑤
01. d	01. a	01. d	01. e	01. b
02. f	02. c	02. f	02. b	02. a
03. g	03. f	03. e	03. g	03. e
04. a	04. e	04. a	04. c	04. c
05. b	05. d	05. c	05. f	05. d
06. c	06. b	06. b	06. d	
07. e			07. a	

1

Before Reading   **(b)**   본문 p.72

Getting the BIG PICTURE   01 **(b), (c)**   02 **(a)**   03 **⑤**

Focusing on DETAILS   04 **①, ③**

해설 & 해석

Before Reading

지문의 처음 두 문장을 읽어보세요.

아마도 이 지문은 '(b) 소프트웨어 향상'에 관한 내용일 것이다.

(a) 콜라 브랜드   (b) 소프트웨어 향상

Getting the BIG PICTURE

(a) 오픈콜라 소프트웨어 (b) 오픈 소스 소프트웨어

(c) 오픈콜라 (d) 오픈콜라 웹사이트

01 이 지문은 (b) 오픈 소스 소프트웨어와 (c) 오픈콜라 사이의 유사점들을 보여주고 있다.

사람들은 그들이 원할 때마다 오픈콜라를 만들어 먹는 데 있어 자유롭다.

이것은 사람들에 의해 바뀔 수 있고 향상될 수 있다.

02 오픈콜라의 목적은 (a) 오픈콜라 소프트웨어를 파는 데 도움 되기 위함이었다.

03 문장 안 빈칸에 들어갈 적절한 말을 고르는 문제이다. 이 글의 전반적인 내용은 오픈 소스 소프트웨어와 오픈콜라를 설명해주면서 오픈콜라가 오픈 소스 공유의 즐거움을 준다고 말하고 있다. 따라서 정답은 ⑤ '오픈소스 제품들의 즐거움'

오픈콜라는 사람들에게 오픈소스 제품들의 즐거움을 보여주고 있다.

Focusing on DETAILS

04 오픈콜라에 대한 설명으로 일치하는 것을 묻는 문제이다. 누구나 제조법을 바꾸거나 개선할 수 있고(It is a brand ~ improve the recipe.) 현재 오픈콜라 웹사이트가 일본에서 운영되고 있다고 했으므로(The Opencola ~ from Japan.) ①, ③번은 맞는 설명이다. ② 오픈콜라를 만든 곳은 음료 회사가 아니라 소프트웨어 회사이고 ④ 판매 수익을 어떻게 분배하는지는 알 수 없으며 ⑤ 브랜드는 없지만, 그러한 종류의 최초 상품인지는 언급되지 않았다.

직독직해

¹The Open Source Software movement / allows anyone to copy, use, and
오픈 소스 소프트웨어 운동은   누구나 소프트웨어를 자유롭게 복제하고 사용하며 수정할 수 있게 해준다.

change software freely. ²It allows a piece of software to be continually
이것은 한 소프트웨어가 계속해서 발전하게 해준다

해석

¹오픈 소스 소프트웨어 운동은 누구나 소프트웨어를 자유롭게 복제하고 사용하며 수정할 수 있게 해준다. ²이것은 한 소프트웨어가 도움을

improved / by anybody who wants to help. ³Opencola uses the same
<small>도움을 주길 원하는 사람들에 의해.</small>   <small>오픈콜라는 이와 같은 개념을 사용한다.</small>

idea. ⁴It is a brand of cola that anybody can make. ⁵Also, anyone can
<small>오픈콜라는 누구나 만들 수 있는 콜라 제품이다.</small>   <small>또한, 누구나</small>

change and improve the recipe. ⁶It was originally designed /
<small>제조법을 수정하고 개선할 수 있다.</small>   <small>오픈콜라는 원래 고안되었다</small>

to increase sales of new software / by the Opencola software company
<small>새로운 소프트웨어의 판매량을 늘리려고</small>   <small>캐나다에 있는 오픈콜라 소프트웨어 회사의 (새로운 소프트웨어를).</small>

in Canada. ⁷The drink was a hit. ⁸It sold 150,000 cans, // and the
<small>그 음료는 히트를 쳤다.</small>   <small>오픈콜라는 15만 캔이 팔렸다.</small>

company became better known for the drink / than for the software.
<small>그리고 그 회사는 음료로 더 잘 알려지게 되었다</small>   <small>소프트웨어보다는.</small>

⁹The Opencola website is now run from Japan. ¹⁰Opencola gives
<small>오픈콜라 웹사이트는 현재 일본에서 운영되고 있다.</small>   <small>오픈콜라는</small>

everybody the power / to create a no-brand product / and to spread
<small>모든 사람에게 권한을 준다</small>   <small>상표가 없는 상품을 만드는</small>

the joy of open source sharing.
<small>그리고 오픈 소스 공유의 즐거움을 퍼트릴.</small>

주길 원하는 사람들에 의해 계속해서 발전하게 해준다. ³오픈콜라는 이와 같은 개념을 사용한다. ⁴오픈콜라는 누구나 만들 수 있는 콜라 제품이다. ⁵또한, 누구나 제조법을 수정하고 개선할 수 있다. ⁶오픈콜라는 원래 캐나다에 있는 오픈콜라 소프트웨어 회사의 새로운 소프트웨어의 판매량을 늘리고자 고안되었다. ⁷그 음료는 히트를 쳤다. ⁸오픈콜라는 15만 캔이 팔렸고, 그 회사는 소프트웨어보다는 음료로 더 잘 알려지게 되었다. ⁹오픈콜라 웹사이트는 현재 일본에서 운영되고 있다. ¹⁰오픈콜라는 모든 사람에게 상표가 없는 상품을 만들고 오픈 소스 공유의 즐거움을 퍼트릴 권한을 준다.

구문해설

2   It **allows** *a piece of software* **to be** continually **improved** by *anybody* [**who** wants to help].

▶ 「allow A to+동사원형 (A가 ~하게 두다, 허가하다)」의 구조. 「to be p.p.」는 to부정사의 수동형. who 이하가 anybody를 꾸며주고 있다.

10   Opencola **gives** everybody the power [**to create** a no-brand product *and* **to spread** the joy of open source
     V   IO   DO

sharing].

▶ 여기서 give는 '~에게 …을 주다'란 뜻으로 두 개의 목적어를 취하는 동사로 쓰였다. the power를 수식하는 두 개의 to부정사구(to create ~, to spread ~)가 and로 대등하게 연결되어 있다.

<table>
<tr><td rowspan="3" style="font-size:2em">2</td><td>Before Reading</td><td>(a)</td><td style="text-align:right">본문 p.74</td></tr>
<tr><td>Getting the BIG PICTURE</td><td colspan="2">01 (a)   02 (b)   03 (c)   04 (b)   05 ③</td></tr>
<tr><td>Focusing on DETAILS</td><td colspan="2">06 단지 어떤 특정 가문에서 태어났다는 이유로 그들에게 그렇게 많은 부와 권력을 주는 것은 잘못이다   07 ③</td></tr>
</table>

해설 & 해석

Before Reading

주제를 찾을 때까지 지문을 대강 훑어보세요.
아마도 이 지문은 '(a) 영국 왕실'에 관한 내용일 것이다.
(a) 영국 왕실   (b) 힘 있는 지도자들

Getting the BIG PICTURE

영국 왕실

몇몇 사람들은 여왕과 왕실 사람들에게 01 (a) 맞선다.	↔	많은 영국 시민들은 여왕과 왕실 사람들을 03 (c) 좋아한다.
이유: 그들에게 많은 돈과 힘을 주는 것은 02 (b) 불공평하다.		이유: 그들은 영국 사람들을 04 (b) 단결시키고 관광객들을 끌어모은다.

01 (a) 맞서는 (b) 감사하는 (c) 걱정하는

02 (a) 좋은 (b) 불공평한 (c) 중요한

03 (a) 가까운 (b) 비난하는 (c) 좋아하는

04 (a) 자유 (b) 단결 (c) 행운

05 지문에 가장 적절한 제목을 고르는 문제이다. 이 글은 영국 군주제를 반대하는 사람과 지지하는 사람들에 대해 말하고 있다. 따라서 정답은 ③.
　① 여왕에게 실제 권력을 줄 시간이다
　② 왕실을 이해하는 것
　③ 영국 군주제에 찬성 또는 반대?
　④ 누가 영국의 다음 왕이 될 것인가?
　⑤ 군주제: 가장 오래된 정부 형태

06 「it's wrong to+동사원형」은 '~하는 것은 잘못이다'란 뜻이며, to 이하를 주어로 해석한다. 따라서 정답은 '단지 어떤 특정 가문에서 태어났다는 이유로 그들에게 그렇게 많은 부와 권력을 주는 것은 잘못이다'

07 빈칸에 들어갈 알맞은 말을 묻는 문제이다. 빈칸 이후에 70% 정도의 영국인들이 군주제를 지지하며, 영국 왕실이 사랑받고 있다는 내용이 이어지고 있다. 따라서 빈칸에 들어갈 말은 ③.
　① 그렇게 많은 돈을 쓰지 않는다
　② 자신들이 부를 누릴 자격이 있다고 생각한다
　③ 나라에서 매우 인기 있다
　④ 영국 국민들을 사랑하고 보호한다
　⑤ 다른 왕족들의 지지를 받는다

직독직해

¹England's kings and queens / were once the most powerful leaders /
영국의 왕과 여왕은　　　　　　한때 가장 강력한 지도자였다

in the world. ²However, these days, / the Queen of England has no actual
세계에서.　　　　　그러나 오늘날.　　　　영국 여왕은 사실상 통치권이 없다.

power to rule. ³The British government still pays / the Queen and her
영국 정부는 여전히 지급한다

family millions of pounds each year. ⁴Some people say // it's wrong to
여왕과 왕실에 매년 수백만 파운드를.　　　　몇몇 사람들은 말한다

give them so much wealth and power // just because they were born
그들에게 그렇게 많은 부와 권력을 주는 것은 잘못이라고　　단지 어떤 특정 가문에서 태어났다는 이유로.

into a certain family. ⁵They also believe // it's time to end this system
그들은 또한 믿는다　　　이런 권력 체계를 끝내야 할 때라고

of power, // which is called a monarchy. ⁶But Queen Elizabeth and her
군주제라 불리는.　　　　　그러나 엘리자베스 여왕과 그 가족은

family / are very popular in their country. ⁷Around 70% of British
나라에서 매우 인기 있다.　　　약 70%의 영국 시민들이 말한다

citizens say // they support the monarchy. ⁸They say // it is good for
군주제를 지지한다고.　　　　그들은 말한다　　　군주제가 영국에

England // because it unites the British people and brings visitors.
이득이 된다고.　　　　영국 국민을 단결시키고 관광객을 끌어모으기 때문에.

⁹The British monarchy no longer rules the nation, // but still rules
영국 군주제는 더 이상 영국을 지배하지 않는다

the hearts of most British people.
하지만 여전히 대다수 영국인의 마음을 지배하고 있다.

해석

¹영국의 왕과 여왕은 한때 세계에서 가장 강력한 지도자였다. ²그러나 오늘날, 영국 여왕은 사실상 통치권이 없다. ³영국 정부는 여전히 여왕과 왕실에 매년 수백만 파운드를 지급한다. ⁴몇몇 사람들은 단지 어떤 특정 가문에서 태어났다는 이유로 그들에게 그렇게 많은 부와 권력을 주는 것은 잘못이라고 말한다. ⁵그들은 또한 군주제라 불리는, 이런 권력 체계를 끝내야 할 때라고 믿는다. ⁶그러나 엘리자베스 여왕과 그 가족은 나라에서 매우 인기 있다. ⁷약 70%의 영국 시민들이 군주제를 지지한다고 말한다. ⁸그들은 군주제가 영국 국민을 단결시키고 관광객을 끌어 모으기 때문에 영국에 이득이 된다고 말한다. ⁹영국 군주제는 더 이상 영국을 지배하지 않지만, 여전히 대다수 영국인의 마음을 지배하고 있다.

구문해설

5　They also believe // **it's time to end** this system of power, **which** is called a monarchy.
　▶ 「it's time to+동사원형」은 '이제 ~할 때이다'란 뜻. which는 this system of power를 대신하는 관계대명사이다.

3

Before Reading   (a)

Getting the BIG PICTURE   01 (a)   02 (c)   03 (b)   04 ①

Focusing on DETAILS   05 ①

해설 & 해석

Before Reading

지문의 처음 세 문장을 읽어보세요.

아마도 이 지문은 사람들이 하는 '(a) 말'에 의해 그들을 구별하는 방법에 관한 내용일 것이다.

(a) 말 (b) 행동

Getting the BIG PICTURE

몇몇 사람들은 어떠한 행동도 취하지 않는다. 그 대신에, 그들은 일이 그들에게 01 (a) 발생하도록 내버려둔다. 그들은 콜라 캔과 같다.

↔

다른 사람들은 어떤 것을 02 (c) 성취하기 위해 행동을 취한다. 그들은 그들이 03 (b) 어려운 상황에서 할 수 있는 것을 찾는다. 그들은 물병과 같다.

01 (a) 발생하다 (b) 화나게 하다 (c) 도와주다

02 (a) 이해하다 (b) 포기하다 (c) 성취하다

03 (a) 흔한 (b) 어려운 (c) 행복한

04 필자는 두 부류의 사람들을 비교하면서 '당신의 행동과 말을 주도할 수 있는 사람은 당신이라는 것을 기억하라'고 말하고 있다. 따라서 정답은 ①.
① 당신은 당신만의 삶을 주도하도록 노력해야 한다.
② 당신은 다른 사람들이 존경할 수 있도록 만드는 행동을 해야 한다.
③ 일어나는 모든 것들에 대해 책임감을 느끼지 마라.
④ 우리는 모두 다르다. 다른 누군가가 되려고 노력하지 마라.
⑤ 사람 간의 차이를 구별하는 것을 배우는 것은 유용하다.

Focusing on DETAILS

05 빈칸 앞을 보면 그들은 물병과 같다고 말하고 있다. 앞서 얘기했던 콜라 캔과 달리 물병을 흔든 후 열면 아무 일도 안 일어나므로 정답은 ①.
① 아무 일도 일어나지 않는다
② 당신은 이것을 열 수 없다
③ 스트레스는 쌓일 것이다
④ 병은 깨질 것이다
⑤ 물은 더 따뜻해질 것이다

직독직해

[1]You can usually tell the difference between people / by the words they
당신은 사람들 간의 차이점을 대개 구별할 수 있다   그들이 사용하는 말에 의해

use. [2]Some people say they are not responsible for // what they feel and
몇몇 사람들은 그들은 책임이 없다고 말한다   자신의 감정과 행동에

do. [3]Their words suggest // they are controlled by others. [4]For example, /
그들의 말은 암시한다   그들이 다른 사람에게 영향을 받는다는 것을   예를 들어,

consider the problem of failing a math test. [5]They will say, // "I am
수학시험에서 낙제한 경우를 생각해보자.   그들은 말할 것이다.

simply not good at math." [6]They are like a can of coke. [7]If life shakes
"나는 수학을 잘 못할 뿐이야."   그들은 콜라 캔과 같다.   삶이 그들을 흔들면,

them up, // the stress builds and they explode. [8]On the other hand, /
스트레스가 쌓여 폭발해버린다.   반면에,

other people's words suggest // that they are responsible for what
다른 사람들의 말은 암시한다   그들이 인생에서 일어나는 일에 책임을 지고 있다는 것을

happens in their life. [9]Their words show that solutions are within their
그들의 말은 해결책이 자신에게 있다는 것을 보여준다.

control. [10]In the same situation, / they might ask themselves,
똑같은 상황에서,   그들은 그들 자신에게 물어볼 것이다.

"On which parts of the test / do I need to work harder?" [11]They are like
"시험의 어느 부분을   더 열심히 공부해야 할까?"

a bottle of water. [12]Shake them up and open the bottle — nothing
그들은 물병과 같다.   물병을 흔든 후 열어보면,   아무 일도

해석

[1]당신은 그들이 사용하는 말에 의해 사람들 간의 차이점을 대개 구별할 수 있다. [2]몇몇 사람들은 그들은 자신의 감정과 행동에 책임이 없다고 말한다. [3]그들의 말은 그들이 다른 사람에게 영향을 받는다는 것을 암시한다. [4]예를 들어, 수학시험에서 낙제한 경우를 생각해보자. [5]그들은 "나는 수학을 잘 못할 뿐이야."라고 말할 것이다. [6]그들은 콜라 캔과 같다. [7]삶이 그들을 흔들면, 스트레스가 쌓여 폭발해버린다. [8]반면에, 다른 사람들의 말은 인생에서 일어나는 일에 그들이 책임을 지고 있다는 것을 암시한다. [9]그들의 말은 해결책이 자신에게 있다는 것을 보여준다. [10]똑같은 상황에서, 그들은 그들 자신에게 물어볼 것이다. "시험의 어느 부분을 더 열심히 공부해야 할까?" [11]그들은 물병과 같다. [12]물병을 흔든 후 열어보면, — 아무 일도 일어나지 않는다. [13]당신의 행동과 말을 주도할 수 있다는 사람은 당신임을 기억하라!

happens. ¹³Remember, / the one who controls your actions
일어나지 않는다.　기억하라!　　당신의 행동과 말을 주도할 수 있다는 사람은 당신임을!

and words is you!

구문해설

1　You can usually **tell the difference between people** by the words [(**that**) they use].

> ▶ tell the difference between people은 '사람들 사이의 차이를 구별하다'란 뜻. they use가 the words를 수식하고 있다.

7　If life **shakes _them up_**, the stress builds and they explode.

> ▶ shake up은 '~을 세게 흔들다'란 뜻. 이처럼 「타동사(shake)+부사(up)」가 하나의 타동사 역할을 할 때 목적어 자리에 대명사(them)가 오면 「타동사+목적어(대명사)+부사」의 어순.

10　~, "**On which parts of the test _do I need_** to work harder?"

> ▶ 「의문사+조동사(do)+주어+동사원형」 어순의 의문문. 여기서 On은 '~에 대해서, 관하여'란 뜻.

13　Remember, **the one** [**who** controls your actions and words] is you!
　　　　　　　　S　　　　　　　　　　　　　　　　　　　　　　V

> ▶ who 이하가 the one을 수식하여 주어가 길어진 구조.

┌───┐
4　Before Reading　　　　　　(a)　　　　　　　　　　　　　　　　본문 p.78
　　Getting the BIG PICTURE　　01 **firm**　02 **our own jelly molds**　03 **different**　04 **problems**　05 ①
　　Focusing on DETAILS　　　　06 ⑤
└───┘

해설 & 해석

Before Reading

주제를 찾을 때까지 지문을 대강 훑어보세요.
아마도 이 지문은 젤리 몰드와 우리의 '(a) 가치관'에 관한 내용일 것이다.
(a) 가치관　(b) 겉모습

Getting the BIG PICTURE

뜨거운 젤리는 01 단단해질 때 젤리 몰드에 의해 모양이 만들어진다.
우리는 우리의 가치관과 신념을 02 자신만의 젤리 몰드로 생각할 수 있다.
우리는 우리의 가치관과 03 다른 타인의 가치관을 좋아하지 않는다.
우리는 자신만의 젤리 몰드 안에 다른 사람들의 가치관을 맞추려고 노력한다. 그리고 이것은 04 문제들을 일으킨다.

05　지문에 가장 적절한 요지를 고르는 문제이다. 필자는 사람마다 가지고

있는 가치관과 신념이 다르므로, 자신만의 기준에 맞추도록 다른 사람들에게 강요하지 말라는 내용이다. 따라서 정답은 ①.
① 당신의 가치관과 신념을 다른 사람에게 강요하지 마라.
② 우리는 사람들에게 그들의 신념에 의문을 가지도록 조언해야 한다.
③ 우리는 다른 사람들의 신념을 바꾸는 방법들을 제안해야 한다.
④ 다른 사람들에게 당신의 가치관이 어디에서 비롯된 건지 설명하지 마라.
⑤ 젤리 몰드의 다른 형태들에 대해 사람들에게 알려라.

Focusing on DETAILS

06　밑줄 친 ⓐ~ⓔ에서 가리키는 것이 다른 하나를 고르는 문제이다. ⓐ, ⓑ, ⓒ, ⓓ는 별 모양의 젤리이며, ⓔ는 예쁜 별 모양을 망가뜨린 일을 말한다. 따라서 정답은 ⓔ.

직독직해

¹A jelly mold is a shape that you pour hot jelly into. ²When the jelly
젤리 몰드는 뜨거운 젤리를 부어 넣는 틀이다.　　　　　　　　젤리가 식으면.

cools, // it becomes firm and stays in the shape of the mold. ³Each of us
젤리는 단단해지고 틀 모양대로 유지된다.　　　　　　　우리는 각자

해석

¹젤리 몰드는 뜨거운 젤리를 부어 넣는 틀이다. ²젤리가 식으면, 젤리는 단단해지고 틀 모양대로 유지된다. ³우리는 각자 일련의 가치관과 신념을 갖고 있는데, 우리는 그것을 자신만의 젤

has a set of values and beliefs // that we can think of as our own jelly

일련의 가치관과 신념을 갖고 있다.   우리가 우리 자신만의 젤리 몰드로 생각할 수 있는.

mold. ⁴We think it is the best jelly mold in the world. ⁵So we think //

우리는 자신의 젤리 몰드가 세계 최고라고 생각한다.   그래서 우리는 생각한다

other people should believe the same things we do. ⁶When other

다른 사람들도 우리가 믿는 것을 똑같이 믿어야 한다고.

people do things that don't fit in our jelly mold, // we get angry. ⁷But

다른 사람들이 우리의 젤리 몰드에 맞지 않는 일을 할 때.   우리는 화가 난다.

each person's jelly mold is different. ⁸Imagine a star-shaped jelly on a

그러나 개개인의 젤리 몰드는 다르다.   접시에 있는 별 모양의 젤리를 상상해 보아라.

plate. ⁹You don't like it, // so you place your own square jelly mold over

당신은 이것을 좋아하지 않는다   그래서 당신의 사각형 젤리 몰드를 별 모양 젤리 위에 놓고

the star / to try to make it fit yours. ¹⁰What happens? ¹¹You make the

사각형 몰드에 맞추려 한다.   무슨 일이 일어날까?

pretty star look ugly. ¹²You cause problems. ¹³This can happen // when

당신은 예쁜 별 모양을 못생기게 만든다.   당신은 문제를 일으킨 것이다.   이런 일이 발생할 수 있다

we try to force others to fit their beliefs and values with our own.

우리가 다른 사람들에게 그들의 신념과 가치관을 우리에게 맞추도록 강요할 때.

리 몰드로 생각할 수 있다. ⁴우리는 자신의 젤리 몰드가 세계 최고라고 생각한다. ⁵그래서 우리는 다른 사람들도 우리가 믿는 것을 똑같이 믿어야 한다고 생각한다. ⁶다른 사람들이 우리의 젤리 몰드에 맞지 않는 일을 할 때, 우리는 화가 난다. ⁷그러나 개개인의 젤리 몰드는 다르다. ⁸접시에 있는 별 모양의 젤리를 상상해 보아라. ⁹당신은 이것을 좋아하지 않아서 당신의 사각형 젤리 몰드를 별 모양 젤리 위에 놓고 사각형 몰드에 맞추려 한다. ¹⁰무슨 일이 일어날까? ¹¹당신은 예쁜 별 모양을 못생기게 만든다. ¹²당신은 문제를 일으킨 것이다. ¹³우리가 다른 사람들에게 그들의 신념과 가치관을 우리에게 맞추도록 강요할 때, 이런 일이 발생할 수 있다.

구문해설

1   A jelly mold is a shape [**that** you *pour* hot jelly *into*].

▶ that이 이끄는 절은 a shape을 꾸며준다. that절 내에는 「pour A into B (A를 B에 부어 넣다)」의 구조가 쓰였다.

3   **Each of** *us* **has** a set of values and beliefs [**that** we can think of as our own jelly mold].

▶ 「Each of+복수명사 (각각의 ~)」가 주어. Each는 단수 취급하므로 단수동사 has가 쓰였다. that절이 a set of values and beliefs를 수식하는 구조.

9   ~, so you **place** your own square jelly mold **over** the star / to **try to make** it fit yours.

                                                                        V' O' C'

▶ 「place A over B」는 'A를 B 위에 놓다'란 뜻. 뒤에 이어지는 to부정사구에는 「try+to부정사 (~하기 위해 애쓰다, 노력하다)」와 「make+목적어+동사원형 (~가 …하게 하다)」의 구조가 함께 쓰였다.

본문 p.80

5   Before Reading   (a)

Getting the BIG PICTURE   01 (a)   02 (b)   03 (a)   04 (c)   05 ⑤

Focusing on DETAILS   06 (a): ⑥   (b): ⑤   (c): ④

해설 & 해석

Before Reading

주제를 찾을 때까지 지문을 대강 훑어보세요.
아마도 이 지문은 '(a) 낯선 사람들을 만나는 것'에 관한 내용일 것이다.
(a) 낯선 사람들을 만나는 것   (b) 섬에서 사는 것

Getting the BIG PICTURE

어느 날, 당신이 살고 있는 섬에 낯선 배가 왔다고 상상해봐라.
배 안의 낯선 사람들과 그들의 연장은 당신에게 01 (a) 익숙하지 않은 것이다.
(a) 익숙하지 않은   (b) 신나는   (c) 유용한

그들은 당신의 섬과 삶을 끔찍한 방식들로 02 (b) 바꾼다.
(a) 파괴하다 (b) 바꾸다 (c) 향상시키다

이것은 03 (a) 영국인들이 (버지니아로) 왔을 때 북미 인디언들에게 일어난 일이다.
(a) 영국인들 (b) 외계인들 (c) 인디언들

놀랍게도, 04 (c) 미국 인디언들은 그러한 상황에서 친절함과 용기를 보여주었다.
(a) 선원들 (b) 영국인들 (c) 미국 인디언들

05 지문에 가장 적절한 주제를 고르는 문제이다. 이 글은 영국인이 신대륙에 들어온 상황을 북미 원주민 입장에서 묘사한 글이다. 따라서 정답은 ⑤.
① 왜 발전된 기술은 우리에게 종종 불안감을 주는가
② 외계인들과의 접촉이 어떨 것이라고 우리는 상상하는지
③ 미국 원주민들의 흥미 있는 이야기
④ 초기 영국인들의 불굴의 용기와 친절함
⑤ 처음 영국인들이 북미에 갔을 때 어땠는지

Focusing on DETAILS

06 필자는 당신 공간에 낯선 사람이 들어오는 것을 초기 영국인들이 신대륙에 들어온 상황으로 빗대어 말하고 있다. 따라서
(a) 큰 섬은 ⑥ 북미를,
(b) 당신과 당신의 종족은 ⑤ 미국 원주민을,
(c) 그 배의 사람들은 ④ 낯선 영국인들을 가리킨다.
① 군인들 ② 배의 주인들 ③ 동양인
④ 낯선 영국인들 ⑤ 미국 원주민 ⑥ 북미

직독직해

¹Imagine that you live on a big island. ²No strangers have ever been
당신이 큰 섬에 살고 있다고 상상해 보라. 낯선 사람은 그곳에 단 한 번도 온 적이 없었다.

there. ³You believe // that you and your people are the only human
당신은 믿고 있다 당신과 당신의 종족이 이 세상에 살고 있는 유일한 인류라고.

beings in the world. ⁴But one day, a ship arrives. ⁵It's bigger, faster, and
그러나 어느 날, 배가 하나 도착한다. 그것은 당신의 작은 배보다 더 크고

stronger than your small boats. ⁶The people on the ship / do not look
더 빠르고 더 강하다. 그 배의 사람들은

the same as your people. ⁷They carry tools you've never seen. ⁸The tools
당신의 종족과 같아 보이지 않는다. 그들은 당신이 본 적이 없는 연장을 가지고 다닌다. 그 연장은

have great power. ⁹The ship's people stay, and change your land and
강력한 힘을 지녔다. 그 배의 사람들은 섬에 머무르며 당신의 섬과 삶을 변화시킨다

your life / in terrible and unexpected ways. ¹⁰Is it hard to imagine?
끔찍하고 예상치 못한 방식으로. 상상하기 어려운가?

¹¹Then imagine this: space aliens come down from the sky / in a space
그렇다면, 이렇게 상상해 보라 우주 외계인이 하늘로부터 내려온다

ship as big as a city. ¹²They carry strange and powerful machines and
어떤 도시만큼이나 큰 우주선에서. 그들은 이상하고 강력한 기계와 무기를 가지고 다닌다.

weapons. ¹³They come to stay and change our world and our lives.
그들은 지구에 정착하여 우리의 세상과 삶을 변화시킨다.

¹⁴That's just what it would be like // if you were a native of North
그것이 바로 겪게 되는 상황이다 당신이 약 400년 전의 북미 원주민이라면.

America around 400 years ago. ¹⁵That was when the first English
그때는 영국인들이 처음으로 항해를 하여

people sailed to Virginia. ¹⁶The courage that the American Indians
버지니아에 갔을 때였다. 미국 인디언들이 보여준 용기와

showed / and the warm welcome they gave to the English were
그리고 그들이 영국인들에게 제공한 따뜻한 환영은 놀라웠던 것이다.

amazing, // when you think about it that way.
당신이 저런 방식으로 생각해 본다면.

해석

¹당신이 큰 섬에 살고 있다고 상상해 보라. ²낯선 사람은 그곳에 단 한 번도 온 적이 없었다. ³당신은 당신과 당신의 종족이 이 세상에 살고 있는 유일한 인류라고 믿고 있다. ⁴그러나 어느 날, 배가 하나 도착한다. ⁵그것은 당신의 작은 배보다 더 크고 더 빠르고 더 강하다. ⁶그 배의 사람들은 당신의 종족과 같아 보이지 않는다. ⁷그들은 당신이 본 적이 없는 연장을 가지고 다닌다. ⁸그 연장은 강력한 힘을 지녔다. ⁹그 배의 사람들은 섬에 머무르며 끔찍하고 예상치 못한 방식으로 당신의 섬과 삶을 변화시킨다. ¹⁰상상하기 어려운가? ¹¹그렇다면, 이렇게 상상해 보라. 우주 외계인이 어떤 도시만큼이나 큰 우주선에서 하늘로부터 내려온다. ¹²그들은 이상하고 강력한 기계와 무기를 가지고 다닌다. ¹³그들은 지구에 정착하여 우리의 세상과 삶을 변화시킨다. ¹⁴그것이 바로 당신이 약 400년 전의 북미 원주민이라면, 겪게 되는 상황이다. ¹⁵그때는 영국인들이 처음으로 항해를 하여 버지니아에 갔을 때였다. ¹⁶당신이 저런 방식으로 생각해 본다면, 미국 인디언들이 보여준 용기와 그들이 영국인들에게 제공한 따뜻한 환영은 놀라웠던 것이다.

2 No strangers **have ever been** there.
▶ 「have ever p.p.」는 '~한 적이 있다'란 뜻으로 '경험'을 나타낸다. 여기서 no와 함께 쓰여 have never been의 의미를 가진다.

6 The people on the ship do not look **the same as** your people.
▶ 「the same as」는 '~와 같은'의 의미.

14 That's just // what it **would be** like **if** you **were** a native of North America around 400 years ago.
▶ 「if+주어+동사의 과거형 ~, 주어+조동사 과거형+동사원형 …」의 형태인 가정법 과거 구문. 현재의 일을 반대로 가정하거나 미래의 실현가능성이 희박한 일을 나타낸다.

16 *The courage* [**that** the American Indians showed] and *the warm welcome* [[(**that**) they gave to the English] were amazing, ~.
▶ The courage와 the warm welcome이 각각 뒤에 오는 that절의 수식을 받아 주어가 길어진 형태.

Grammar & Usage

본문 p.82

01 to copy   02 much   03 because   04 has   05 ○
06 ○   07 × → do   08 × → were   09 ⑤   10 ②

01 to copy | 오픈 소스 소프트웨어 운동은 누구나 소프트웨어를 자유롭게 복제하고 사용하며 수정할 수 있게 해준다.
해설 allow는 목적격보어로 to부정사를 취하므로 to copy가 적절.

02 much | 몇몇 영국 사람들은 단지 어떤 특정 가문에서 태어났다는 이유로 여왕과 왕실에 그렇게 많은 부와 권력을 주는 것은 잘못이라고 말한다.
해설 명사 wealth와 power는 셀 수 없으므로 셀 수 없는 명사를 꾸며주는 형용사 much가 적절.

03 because | 약 70%의 영국 시민들은 군주제가 영국 국민을 단결시키고 관광객을 끌어모으기 때문에 영국에 이득이 된다고 말한다.
해설 문맥상 이유를 나타내고 뒤에 주어(it)와 동사(unites)가 있는 절을 이끌므로 접속사인 because가 적절. 전치사인 because of 다음에는 명사구가 온다.

04 has | 젤리 몰드는 뜨거운 젤리로부터 모양을 만들어내는 데 사용하는 도구이다. 우리는 각자 우리 자신만의 젤리 몰드로 생각할 수 있는 일련의 가치관과 신념을 갖고 있다.
해설 「each of+복수명사」는 단수 취급하므로 단수동사인 has가 적절.

05 ○ | 오픈콜라는 모든 사람에게 상표가 없는 상품을 만들고 오픈 소스 공유의 즐거움을 퍼뜨릴 권한을 준다.
해설 to create a no-brand product와 and로 연결된 병렬구조이므로 to spread는 적절.

06 ○ | 젤리가 식으면, 젤리는 단단해지고 틀 모양대로 유지된다.
해설 동사 becomes 다음에 오는 주격보어 자리이므로 형용사인 firm이 적절.

07 × → do | 우리는 다른 사람들도 우리가 믿는 것을 똑같이 믿어야 한다고 생각한다.
해설 동사의 반복을 피하기 위한 대동사가 쓰이는 자리로, 앞의 일반동사(believe)를 대신하므로 문맥상 do가 적절.

08 × → were | 우주 외계인이 지구에 정착하여 우리의 세상과 삶을 변화시킨다고 상상해 보라. 그것이 바로 당신이 약 400년 전의 북미 원주민이라면 겪게 되는 상황이다.
해설 문맥상 현실과 반대되는 상황을 가정하고, 주절에 조동사의 과거형 would가 쓰인 것으로 보아 가정법 과거 문장이다. 따라서 if절의 동사는 과거형인 were가 적절.

09 ⑤ | 영국 군주제는 더 이상 영국을 지배하지 않는다. 하지만 여전히 대다수 영국인의 마음을 지배하고 있다.
해설 문맥상 앞 문장과 대조되는 내용이 나오므로 접속사 but이 적절.

10 ② | 수학시험에서 낙제된 경우를 생각해보자. 몇몇 사람들은 "나는 수학을 잘 못할 뿐이야."라고 말할 것이다. 반면에, 다른 사람들은 "시험의 어느 부분을 더 열심히 공부해야 할까?"라고 말할 것이다.
해설 문장에서 유일한 동사 자리로, 문맥상 주어(you)가 생략된 명령문임을 알 수 있다. 따라서 Consider가 적절.

Quick Check

본문 p.84

①	②	③	④	⑤
01. e	01. b	01. a	01. e	01. b
02. b	02. d	02. d	02. f	02. d
03. f	03. e	03. f	03. b	03. f
04. a	04. c	04. e	04. d	04. e
05. c	05. a	05. b	05. a	05. a
06. d		06. c	06. c	06. c

1

Before Reading (a)

본문 p.86

Getting the BIG PICTURE 01 motion sickness 02 eyes and ears 03 ②

Focusing on DETAILS 04 (b) 05 ③

해설 & 해석

Before Reading

지문의 처음 세 문장을 읽어보세요.

아마도 이 지문은 '(a) 멀미'에 관한 내용일 것이다.

(a) 멀미 (b) 차로 여행하기

Getting the BIG PICTURE

결과		원인
사람들은 자동차, 비행기, 그리고 배에서 01 멀미를 경험한다.	←	당신의 02 눈과 귀는 뇌에 혼란을 주는 신호를 보낸다.

03 지문에 가장 적절한 주제를 고르는 문제이다. 글 초반에 사람들이 차, 비행기, 배를 타면 멀미를 경험한다고 설명한 다음, 이에 대한 원인을 설명해주고 있다. 따라서 이 글의 순서는 결과 → 원인이며, 글쓴이가 말하려고 하는 초점은 '원인'에 맞춰져 있다. 따라서 정답은 ②.

① 자동차로 여행하는 데 있는 문제점

② 무엇이 멀미를 일으키는가

③ 차 안에서 책을 읽기 위한 조언

④ 왜 멀미는 흔한가

⑤ 구토를 막는 방법

Focusing on DETAILS

04 본문의 fixed는 '고정시켰다'라는 뜻이다. 따라서 정답은 (b).

(a) 내 장난감 자동차가 고장 났을 때, 엄마가 고쳤다.

(b) 그는 벽에 거울을 고정시켰다.

05 빈칸에 가장 적절한 말을 고르는 문제이다. 빈칸 앞의 두 문장 (Because your ~ you are moving.)에 단서가 있다. 차 안에서 책을 읽을 때 눈에서는 몸이 움직이지 않는다는 신호를 보내고, 귀에서는 몸이 움직인다는 신호를 보낸다고 했으므로 두 신호가 서로 일치하지 않는다는 ③이 정답.

① 더 빨리 도착해

② 두통이 나게 해

③ 서로 일치하지 않아

④ 수시로 변해

⑤ 뇌에 전달되지 않아

직독직해

¹Motion sickness is a common problem / for people traveling in cars,
　　멀미는 흔히 일어나는 문제다　　　　　　자동차, 비행기, 배를 타고 여행하는 사람들에게.

airplanes, and boats. ²When motion sickness happens, // you feel like
　　　　　　　　　　　　멀미가 날 때,

해석

¹멀미는 자동차, 비행기, 배를 타고 여행하는 사람들에게 흔히 일어나는 문제다. ²멀미가 나면, 당신은 토할 것 같은 느낌이 든다. ³멀미는 눈과 귀의 안쪽 기관이 뇌에 혼란을 주는 신호를 보

you are going to vomit. ³Motion sickness happens // when your eyes
당신은 토할 것 같은 느낌이 든다.　　　　　　　　멀미는 발생한다

and the inside parts of your ears send mixed-up signals to your brain.
눈과 귀의 안쪽 기관이 뇌에 혼란을 주는 신호를 보낼 때.

⁴Consider what happens // when you read in a car. ⁵Because your eyes
무슨 일이 일어나는지 잘 생각해봐라　　　　　차 안에서 책을 읽으면.

are fixed on the book, // they tell your brain that your body is not
눈은 책에 고정되어 있기 때문에,　　　　뇌에 몸이 움직이고 있지 않다고 전달한다.

moving. ⁶But as the car jumps up and down, turns, and changes speed, //
　　　그러나 차가 오르락내리락하고, 방향을 바꾸고, 속도를 바꾸면

the inside parts of your ears / tell your brain that you are moving.
당신의 귀 안쪽에 있는 기관은　　　　뇌에 당신이 움직이고 있다고 전달한다.

⁷The messages from your eyes and ears disagree with each other, //
　　　눈과 귀에서 보내는 메시지가 서로 일치하지 않아서

and you get sick. ⁸To avoid getting motion sickness, // don't read in the
당신은 멀미를 하게 된다.　　　멀미를 하지 않으려면,　　　　차 안에서 책을 읽지 말고

car, // and keep looking out the window towards the horizon.
　　　계속해서 지평선을 향해 창밖을 내다봐라.

낼 때 발생한다. ⁴차 안에서 책을 읽으면 무슨 일이 일어나는지 잘 생각해봐라. ⁵눈은 책에 고정되어 있기 때문에, 뇌에 몸이 움직이고 있지 않다고 전달한다. ⁶그러나 차가 오르락내리락하고, 방향을 바꾸고, 속도를 바꾸면, 당신의 귀 안쪽에 있는 기관은 뇌에 당신이 움직이고 있다고 전달한다. ⁷눈과 귀에서 보내는 메시지가 서로 일치하지 않아서 당신은 멀미를 하게 된다. ⁸멀미를 하지 않으려면, 차 안에서 책을 읽지 말고 계속해서 지평선을 향해 창밖을 내다봐라.

구문해설

5 ~, they **tell *your brain* that** your body is not moving.
        V   IO   DO
   ▶ tell은 두 개의 목적어를 취할 수 있다. 여기서는 'tell A that~'의 구조로 'A에게 ~을 말하다'란 뜻.

8 **To avoid *getting* motion sickness, don't read in the car, *and* keep looking** out the window towards the horizon.
   ▶ 여기서 to부정사구는 '~하기 위해서'란 뜻으로 '목적'을 나타낸다. 「avoid+-ing」은 '~을 피하다'란 뜻. 이어서 and로 두 개의 명령문이 이어져 있다. 「keep+-ing」은 '계속해서 ~하다'란 의미.

본문 p.88

2
Before Reading　　　　(b)
Getting the BIG PICTURE　　01 (a)　02 (c)　03 (b)　04 ③
Focusing on DETAILS　　　05 ②

해설 & 해석

Before Reading

지문의 처음 세 문장을 읽어보세요.
아마도 이 지문은 '(b) 어린 시절 기억'에 관한 내용일 것이다.
(a) 시간을 보내는 것　(b) 어린 시절 기억

Getting the BIG PICTURE

결과		원인
우리는 보통 어린 시절 01 (a) 기억들을 가지고 있지 않다.	←	뇌는 충분히 02 (c) 발달하지 않았다.
		아기들은 아직 03 (b) 이야기할 수 없다.

01 (a) 기억들　(b) 친구들　(c) 사진들

02 (a) 회복하다　(b) 발생하다　(c) 발달하다

03 (a) 읽다　(b) 이야기하다　(c) 이해하다

04 지문에 가장 적절한 주제를 고르는 문제이다. 이 글은 보통 우리는 어린 시절 기억이 없다는 결과를 제시하고, 이에 대한 원인 두 가지를 설명해준다. 따라서 정답은 ③.
   ① 어린 시절 경험들을 기억하는 방법들
   ② 아이들이 어떻게 언어를 배우는가
   ③ 왜 어린 시절의 기억들을 기억하지 못하는가
   ④ 뇌는 어떻게 기억들을 저장하는가
   ⑤ 우리가 지난날로부터 무엇을 배울 수 있는가

	(a)	(b)
①	대신에	또는
②	그래서	또한
③	그러나	또한
④	대신에	예를 들어
⑤	그래서	예를 들어

05 빈칸에 알맞은 연결어를 고르는 문제이다. (a) 빈칸 앞에서는 기억을 모으는 뇌의 특정 부위가 3세까지 충분히 성장하지 않는다고 했고, 빈칸 뒤에서는 너무 어린아이는 기억을 완벽히 저장할 수 없다고 했다. 앞과 뒤의 내용이 인과관계를 나타내므로 So가 적절. (b) 빈칸 뒤에는 아기가 어릴 적 일을 기억하지 못하는 또 다른 이유, 즉, 언어 능력이 발달하지 못했기 때문이라는 이유가 '첨가'되고 있다. 따라서 Also가 적절. 정답은 ②.

직독직해

¹Do you remember / things that happened when you were a baby?
당신은 기억하는가   아기였을 때 있었던 일들을?

²Probably you don't. ³It's almost impossible / to remember anything
아마도 기억하지 못할 것이다.   (~은) 거의 불가능하다   생애의 첫 2년 동안의 일을 기억하는 것은.

from the first two years of life. ⁴And it's very difficult / to remember
그리고 매우 어렵다

anything from before the age of five. ⁵A special part of our brain / puts
5세 이전의 일을 기억하는 것은.   우리 뇌의 특정 부위는

pieces of memories together. ⁶But the special part is not fully grown /
기억의 조각들을 모은다.   그러나 이 특정 부위는 충분히 성장하지 않는다

until age three. ⁷So, very young children cannot store perfect memories.
3세까지.   그래서 매우 어린 아이들은 기억을 완벽하게 저장할 수가 없다.

⁸Also, babies do not have many language skills. ⁹Language skills are
또한, 아기들은 언어 능력이 많이 발달하지 않았다.   언어 능력은

very important for memories. ¹⁰Talking about an experience / makes
기억에 있어서 매우 중요하다.   경험에 대해 말하는 것은

the experience into a memory. ¹¹Thinking about experiences / can turn
그 경험을 기억으로 바꿔 준다.   경험에 대해 생각해보는 것도

them into memories, too. ¹²Babies may be able to think about
그 경험을 기억으로 바꿀 수 있다.   아기는 경험에 대해 생각할 수 있을지도 모르지만,

experiences, // but they surely can't talk about them!
그들은 분명히 그 경험에 대해 이야기할 수는 없다!

해석

¹당신은 아기였을 때 있었던 일들을 기억하는가? ²아마도 기억하지 못할 것이다. ³생애의 첫 2년 동안의 일을 기억하는 것은 거의 불가능하다. ⁴그리고 5세 이전의 일을 기억하는 것은 매우 어렵다. ⁵뇌의 특정 부위는 기억의 조각들을 모은다. ⁶그러나 이 특정 부위는 3세까지 충분히 성장하지 않는다. ⁷그래서 매우 어린 아이들은 기억을 완벽하게 저장할 수가 없다. ⁸또한, 아기들은 언어 능력이 많이 발달하지 않았다. ⁹언어 능력은 기억에 있어서 매우 중요하다. ¹⁰경험에 대해 말하는 것은 그 경험을 기억으로 바꿔준다. ¹¹경험에 대해 생각해보는 것도 그 경험을 기억으로 바꿀 수 있다. ¹²아기는 경험에 대해 생각할 수 있을지도 모르지만, 그들은 분명히 그 경험에 대해 이야기할 수는 없다!

구문해설

1 Do you remember things [**that** happened // when you were a baby]?

▶ that이 이끄는 절이 things를 꾸며주고 있다. that절 내에 when이 이끄는 절이 삽입된 구조.

10 **Talking** about an experience makes the experience into a memory.
     S   V

▶ 동명사구(Talking about an experience)가 주어인 구조. 동명사가 주어인 경우 동사는 단수 취급한다.

3
Before Reading (a)
Getting the BIG PICTURE 01 strengths and weaknesses 02 trust 03 leadership 04 ⑤
Focusing on DETAILS 05 ⓐ Phil Jackson ⓑ Michael Jordan 06 (a)
07 이 모든 것은 '가장 훌륭한' 감독 중 하나로 알려진 필 잭슨을 만들었다.

해설 & 해석

Before Reading

지문의 처음 세 문장을 읽어보세요.
아마도 이 지문은 '(a) 농구 감독'에 관한 내용일 것이다.
(a) 농구 감독 (b) NBA팀들

Getting the BIG PICTURE

원인		결과
그는 각 선수들의 01 강점과 약점들을 이해했다. 그는 그의 선수들을 하나의 인격체로서 존중했다. 그는 선수들로부터 많은 02 신뢰를 받았다. 그는 뛰어난 03 지도능력을 갖춘 감독이었다.		필 잭슨은 NBA에서 가장 성공한 감독이었다.

04 지문에 가장 적절한 주제를 고르는 문제이다. 필 잭슨이 NBA에서 성공한 감독이 된 이유들에 대해 나열한 후 결론적으로 NBA에서 가장 성공한 감독이라는 것을 언급해주고 있다. 따라서 정답은 ⑤.

① 스포츠에서 지도능력의 다른 유형들
② 선수들의 발전의 원인들
③ 왜 시카고 불스가 유명한 팀인가
④ 농구 감독들은 어떻게 게임에 접근하는가
⑤ 필 잭슨은 어떻게 성공한 감독이 되었는가

Focusing on DETAILS

05 시카고 불스를 떠난 사람은 감독 필 잭슨이므로 ⓐ는 필 잭슨이다. 또한, 필 잭슨이 아닌 다른 감독이라면 경기를 하지 않겠다고 말한 것은 ⓑ 앞에 나온 NBA의 유명한 선수인 마이클 조던을 뜻한다.

06 본문의 but은 '~ 이외의'란 뜻이다. 따라서 정답은 (a).
(a) 탐은 바나나 이외의 어떤 것도 먹을 수 없었다.
(b) 신시아는 매우 똑똑한 소녀이다. 그러나 그녀는 친절하지 않다.

07 밑줄 친 문장을 우리말로 해석하면
'이 모든 것은 '가장 훌륭한' 감독 중 하나로 알려진 필 잭슨을 만들었다'이다. result in은 '초래하다, 야기하다'의 뜻이며, known as는 '~로 알려진'의 뜻이다.

직독직해

¹Phil Jackson was a coach / in the National Basketball Association (NBA)
필 잭슨은 감독이었다 미국 농구 협회(NBA)에서.

in the States. ²Every team he touched turned to gold. Why? ³When he
그가 감독한 모든 팀은 크게 성공하게 되었다. 왜일까?

bccame a coach of the Los Angeles Lakers, // he gave each team member
그가 로스앤젤레스 레이커스의 감독이 되었을 때. 그는 팀의 각 선수에게

a different book to read. ⁴Each book was chosen by Phil Jackson / to fit
각기 다른 책을 주었다. 필 잭슨이 고른 각각의 책은

with a player's own greatest strengths and weaknesses. ⁵He viewed his
각 선수의 가장 큰 장점과 단점에 맞춰진 것이었다.

job as being more than just a basketball coach. ⁶He saw his players as
그는 자신의 직업을 단순한 농구 감독 이상으로 여겼다. 그는 선수들을 완전한 인격체로 보았다

whole people / as well as athletes. ⁷Players also gave him a lot of trust.
운동선수로뿐만 아니라. 선수들 역시 그를 많이 신뢰했다.

⁸When he left the Chicago Bulls, // Michael Jordan, a star player in
그가 시카고 불스를 떠났을 때. NBA의 스타 선수인 마이클 조단은 말했다

the NBA, said // that he wouldn't play for any coach / but Phil Jackson.
다른 어떤 감독을 위해서도 경기하지 않겠다고 필 잭슨 이외에는.

⁹Many top business management books include Phil Jackson /
많은 인기 기업 경영서에서는 필 잭슨을 다루고 있다

해석

¹필 잭슨은 미국 농구 협회(NBA)에서 감독이었다. ²그가 감독한 모든 팀은 크게 성공하게 되었다. 왜일까? ³그가 로스앤젤레스 레이커스의 감독이 되었을 때, 그는 팀의 각 선수에게 각기 다른 책을 주었다. ⁴필 잭슨이 고른 각각의 책은 각 선수의 가장 큰 장점과 단점에 맞춰진 것이었다. ⁵그는 자신의 직업을 단순한 농구 감독 이상으로 여겼다. ⁶그는 선수들을 운동선수로뿐만 아니라 완전한 인격체로 보았다. ⁷선수들 역시 그를 많이 신뢰했다. ⁸그가 시카고 불스를 떠났을 때, NBA의 스타 선수인 마이클 조단은 필 잭슨 이외에는 다른 어떤 감독을 위해서도 경기하지 않겠다고 말했다. ⁹많은 인기 기업 경영서에서는 필 잭슨을 아주 훌륭한 지도력을 갖춘 사람의 예로 다루고 있다. ¹⁰이 모든 것은 역대 '가장 훌륭한' 감독 중 하나로 알려진 필 잭슨을 만들었다.

as an example of somebody with great leadership skills. ¹⁰All of this
아주 훌륭한 지도력을 갖춘 사람의 예로,

results in Phil Jackson being known as one of the 'greatest' coaches of
이 모든 것이 역대 '가장 훌륭한' 감독 중 하나로 알려진 필 잭슨을 만들었다.

all time.

구문해설

2   Every team [(**that**) he touched] turned to gold.

▶ that이 이끄는 절이 Every team을 꾸며준다. 이 문장은 '그가 만지는 것은 무엇이든 금이 되었다, 즉 그가 하는 일은 무엇이든 성공했다'란 의미.

5   He **viewed** his job **as** being more than just a basketball coach.

▶ 「view A as B」는 'A를 B라고 생각하다, 간주하다'란 뜻.

6   He **saw** his players **as** whole people **as well as** athletes.

▶ 「see A as B」는 'A를 B라고 생각하다, 간주하다'란 뜻. 「B as well as A」는 'A뿐만 아니라 B도'란 의미로 B를 강조할 때 쓴다.

8   ~, **Michael Jordan**, a star player in the NBA, said that he wouldn't play for any coach **but** Phil Jackson.

▶ Michael Jordan을 콤마 뒤의 어구가 구체적으로 설명해주고 있다. 여기서 but은 전치사로 '~ 이외의'란 뜻으로 except와 같은 뜻.

---

4   Before Reading   (a)   본문 p.92
        Getting the BIG PICTURE   01 (a) 02 (c) 03 (b) 04 ③
        Focusing on DETAILS   05 cooler and thicker

해설 & 해석

Before Reading

주제를 찾을 때까지 지문을 대강 훑어보세요.
아마도 이 지문은 '(a) 신기루에 관한 내용일 것이다.
(a) 신기루 (b) 더운 날씨

Getting the BIG PICTURE

결과		원인
당신은 사막에서 신기루를 볼 수 있다. (신기루는 01 (a) 가짜 오아시스이다.)		다른 고도에서 공기의 온도는 02 (c) 다르다.
당신은 또한 03 (b) 바다에서 하늘에 있는 신기루를 볼 수 있다. (그 신기루는 하늘에 있는 배이다.)		

01 (a) 가짜의 (b) 조용한 (c) 생명이 없는

02 (a) 예측할 수 없는 (b) 바뀔 수도 있는 (c) 다른

03 (a) 호수에 (b) 바다에서 (c) 지표면 근처에서

04 지문에 가장 적절한 주제를 고르는 문제이다. 사막에서 신기루를 볼 수 있다는 결과를 제시한 후, 이에 대한 원인을 설명해주고 있다. 또한, 마지막 부분에 바다에서도 신기루를 볼 수 있다고 설명하고 있으므로 정답은 ③.
    ① 신기루와 실제 오아시스를 구별하는 방법
    ② 왜 우리의 눈이 더운 날에 제 기능을 못하는가
    ③ 사막과 바다에서 존재하지 않는 형상이 생기는 이유
    ④ 바다와 사막 여행 사이의 유사점
    ⑤ 어떻게 신기루가 처음에 발견되었는가

Focusing on DETAILS

05 주어진 단어 뒤에 'than'이 나오며 '~보다 더 …하는'의 의미가 되어야 하므로 cool과 thick에 '-er'를 붙여 비교급으로 만들어줘야 한다. 따라서 정답은 cooler and thicker.

직독직해

¹You're in a desert. ²It is extremely hot. ³Look up ahead! ⁴You can see
당신은 사막에 있다.   사막은 정말 덥다.   저기 앞을 봐라!

해석

¹당신은 사막에 있다. ²사막은 정말 덥다. ³저기 앞을 봐라! ⁴푸른 물의 오아시스가 보인다! ⁵슬

the blue waters of an oasis! ⁵Sadly, it's not real. ⁶Seeing an oasis is /
푸른 물의 오아시스가 보인다!　　슬프게도, 그것은 진짜가 아니다.　　　오아시스를 보는 것은

just a trick caused by extremely hot weather. ⁷The trick is called a
매우 더운 날씨로 인한 환각 현상일 뿐이다.　　　　　이 환각 현상은 신기루라고 불린다.

mirage. ⁸On hot days, air high above the ground / is cooler and thicker
더운 날, 지표 위 높은 곳에 있는 대기층은　　　지표 근처의 뜨거운 대기층보다 더 차갑고 두껍다

than the hot air near the ground. ⁹The sunlight going toward the
지표에 닿는 햇빛은 굴절한다

ground bends // when it moves from the cooler, thicker air / into the
차갑고, 두꺼운 대기층에서 이동하면서

hotter air. ¹⁰This creates an upside-down image in your eyes.
더 뜨거운 대기층으로.　　이 현상은 당신의 눈에 거꾸로 된 이미지를 만든다.

¹¹The result is // that you can see a mirror image of the sky / below the
그 결과　　당신은 하늘이 거울에 비친 듯한 이미지를 볼 수 있다

normal image of the sky. ¹²To you, / the mirror image looks like a lake.
정상적인 하늘의 이미지 아래에 생긴.　당신에게　　그 이미지는 마치 호수처럼 보인다.

¹³Mirages occur at sea, too, / with visions of ships sailing across the
신기루는 바다에서도 일어나는데,　　　하늘을 가로질러 항해하는 배의 환영으로 보인다!

sky! ¹⁴In these cases, / air near the water is coldest. ¹⁵Light waves
이 경우,　　　수면 근처의 대기가 가장 차갑다.

coming from distant ships / are reflected by warmer air higher up, /
멀리 있는 배에서 나오는 빛의 파장이　　더 높은 곳에 있는 따뜻한 대기에 반사되고,

and we see the ships in the sky.
그래서 우리는 하늘 위에 떠 있는 배를 볼 수 있는 것이다.

프게도, 그것은 진짜가 아니다. ⁶오아시스를 보는 것은 매우 더운 날씨로 인한 환각 현상일 뿐이다. ⁷이 환각 현상은 신기루라고 불린다. ⁸더운 날, 지표 위 높은 곳에 있는 대기층은 지표 근처의 뜨거운 대기층보다 더 차갑고 두껍다. ⁹지표에 닿는 햇빛은 차갑고, 두꺼운 대기층에서 더 뜨거운 대기층으로 이동하면서 굴절한다. ¹⁰이 현상은 당신의 눈에 거꾸로 된 이미지를 만든다. ¹¹그 결과 당신은 정상적인 하늘의 이미지 아래에 하늘이 거울에 비친 듯한 이미지를 볼 수 있다. ¹²당신에게 그 이미지는 마치 호수처럼 보인다. ¹³신기루는 바다에서도 일어나는데, 하늘을 가로질러 항해하는 배의 환영으로 보인다! ¹⁴이 경우, 수면 근처의 대기가 가장 차갑다. ¹⁵멀리 있는 배에서 나오는 빛의 파장이 더 높은 곳에 있는 따뜻한 대기에 반사되고, 이로 인해 우리는 하늘 위에 떠 있는 배를 볼 수 있는 것이다.

구문해설

9 **The sunlight** [**going** toward the ground] bends when it(= *The sunlight*) moves from the cooler, thicker air
　　　　S └────────────┘　　　　V

into the hotter air.
▶ going이 이끄는 구가 The sunlight를 수식하여 주어가 길어졌다. when 절의 it은 앞의 The sunlight를 가리킨다.

5	Before Reading	(b)	본문 p.94
	Getting the BIG PICTURE	01 Climate change　02 poor　03 wars　04 worse　05 ⑤	
	Focusing on DETAILS	06 ③　07 많은 전쟁들이 기후 변화로 인한 것이다.	

해설 & 해석

Before Reading

지문의 처음 세 문장을 읽어보세요.
아마도 이 지문은 '(b) 기후 변화'에 관한 내용일 것이다.
(a) 환경적인 문제들　(b) 기후 변화

Getting the BIG PICTURE

원인	결과
	이것은 환경뿐만 아니라 사람들에게도 영향을 미친다.
	↑
01 기후 변화는 발생한다. →	02 가난한 사람들이 식량과 물을 구하는 것이 더 힘들어진다.
	→ 사람들은 03 전쟁들을 시작하고, 그들의 삶은 훨씬 04 악화된다.

글쓴이의 의도가 무엇인지 파악하는 유형이다. 이 글은 기후 변화가 자연 환경뿐만 아니라, 인간에게도 영향을 미친다는 내용이다. 마지막 부분(Join the movement to stop climate change ~.)에서 기후 변화를 멈추는 운동에 참가하라고 직접적으로 언급했으므로 정답은 ⑤.

Focusing on DETAILS

06 지문에 직접 언급되지 않은 내용을 지문 내용을 근거로 추론하는 유형이다. 글 초반부의 기후 변화가 자연 환경뿐만 아니라 인간에게도 영향

을 미친다는 내용(When we think ~ poor people to live)이 단서. 따라서 정답은 ③.
① 사막의 크기가 줄어들 것이다.
② 정치적 분쟁이 전쟁의 주된 이유이다.
③ 가난한 사람들이 기후 변화의 주요 희생자이다.
④ 기후 변화는 자연 환경에 영향을 미친다.
⑤ 젊은 사람들은 기후 변화에 맞서 싸우는 것에서 지고 있다.

07 But many are 다음에는 바로 앞 문장에서 나왔던 어구 caused by climate changes가 생략되었다. 따라서 정답은 '많은 전쟁들이 기후 변화로 인한 것이다.'이다.

직독직해

¹When we think of climate change, // we tend to worry about its effects
기후 변화를 생각할 때,   우리는 기후 변화가 자연 환경에 미치는 영향을 걱정하는 경향이 있습니다.

on the environment. ²Because of this, / we sometimes forget its effects
                    이 때문에   우리는 가끔 기후 변화가 사람들에게 미치는

on people. ³As climates change, / deserts grow. ⁴It becomes harder
영향을 잊어버립니다.   기후가 변화함에 따라,   사막은 늘어납니다.

for many poor people to live. ⁵Their food and water can disappear /
많은 가난한 사람들이 살기가 더 힘들어집니다.   그들의 식량과 물은 사라질 수도 있습니다.

because of the growth of deserts. ⁶When deserts grow, // good land is
사막의 증가 때문에   사막이 커질 때,   비옥한 토지는

destroyed by sand. ⁷People need good land and water to grow food //
모래로 인해 파괴됩니다.   사람들은 식량을 재배할 비옥한 토지와 물이 필요하고,

and may start wars to get it. ⁸But wars make life even worse.
이를 얻기 위해 전쟁을 시작할 수도 있습니다.   그러나 전쟁은 삶을 더욱 비참하게 만듭니다.

⁹Of course, not every war is caused by climate changes. ¹⁰But many
물론 모든 전쟁이 기후 변화로 인한 것은 아닙니다.   하지만, 많은 전쟁이 그렇고,

are, / and the number is expected to grow / as climate change happens
    그 수는 더욱 증가할 것으로 예상됩니다   기후 변화가 전 세계적으로 진행되면서.

all over the world. ¹¹But don't lose hope. ¹²Join the movement to stop
                하지만 희망을 잃지는 마세요.   지금 기후 변화를 막는 운동에 참가하세요

climate change now, // and prove how strong you are. ¹³We can become
                그리고 당신의 힘을 보여주세요.   우리는 바로

the very people / that overcome climate change.
그 사람들이 될 수 있습니다   기후 변화를 이겨낸.

해석

¹기후 변화를 생각할 때, 우리는 기후 변화가 자연 환경에 미치는 영향을 걱정하는 경향이 있습니다. ²이 때문에 우리는 가끔 기후 변화가 사람들에게 미치는 영향을 잊어버립니다. ³기후가 변화함에 따라, 사막들은 늘어납니다. ⁴많은 가난한 사람들이 살기가 더 힘들어집니다. ⁵사막의 증가 때문에 그들의 식량과 물은 사라질 수도 있습니다. ⁶사막이 커질 때, 비옥한 토지는 모래로 인해 파괴됩니다. ⁷사람들은 식량을 재배할 비옥한 토지와 물이 필요하고, 이를 얻기 위해 전쟁을 시작할 수도 있습니다. ⁸그러나 전쟁은 삶을 더욱 비참하게 만듭니다. ⁹물론 모든 전쟁이 기후 변화로 인한 것은 아닙니다. ¹⁰하지만, 많은 전쟁이 그렇고, 그 수는 기후 변화가 전 세계적으로 진행되면서 더욱 증가할 것으로 예상됩니다. ¹¹하지만 희망을 잃지는 마세요. ¹²지금 기후 변화를 막는 운동에 참가하여 당신의 힘을 보여주세요. ¹³우리는 기후 변화를 이겨낸 바로 그 사람들이 될 수 있습니다.

구문해설

4 **It** becomes harder **for** many poor people **to live**.
   가주어   의미상 주어   진주어
   ▶ to부정사구를 대신하는 가주어 it이 쓰였다. for many poor people을 부정사구의 주어로 해석한다.

7 People need good land and water [**to grow** food] and may start wars **to get** it.
   ▶ 첫 번째 to부정사구는 앞의 good land and water를 수식하여 '~할'이란 뜻. 두 번째 to부정사구는 '~하기 위해서'란 뜻으로 '목적'을 나타낸다.

9 Of course, **not every** war is caused by climate changes.
   ▶ 「not every ~」는 '모두 ~인 것은 아닌'이란 뜻으로 '부분부정'을 나타낸다.

Grammar & Usage

01 that	**02** team	**03** Seeing	**04** even	**05** for
06 × → being	**07** ○	**08** × → thicker	**09** ①	**10** ③

01 **that** │ 당신은 아기였을 때 있었던 일들을 기억하는가? 아마도 기억하지 못할 것이다.

해설 앞의 선행사 things를 수식하므로 선행사를 포함하지 않는 주격 관계대명사 that이 적절.

02 **team** │ 필 잭슨은 미국 농구 협회(NBA)에서 감독이었다. 그가 감독한 모든 팀은 크게 성공하게 되었다.

해설 Every는 뒤에 항상 단수명사를 쓰고, 단수로 취급한다.

03 **Seeing** │ 오아시스를 보는 것은 매우 더운 날씨로 인한 환각 현상일 뿐이다. 이 환각 현상은 신기루라고 불린다.

해설 문장의 동사는 is이므로 주어구를 이끄는 자리이다. 따라서 동명사 Seeing이 적절.

04 **even** │ 사막이 커지면, 비옥한 토지는 모래로 인해 파괴됩니다. 사람들은 식량을 재배할 비옥한 토지와 물을 얻기 위해 전쟁을 시작할 수도 있습니다. 그러나 전쟁은 삶을 더욱 비참하게 만듭니다.

해설 비교급 worse를 수식하므로 even이 적절. very는 원급 수식.

05 **for** │ 기후가 변화함에 따라, 사막들은 늘어납니다. 많은 가난한 사람들이 살기가 더 힘들어집니다.

해설 문맥상 to live의 의미상 주어 자리이다. to-v의 의미상의 주어는 「for+목적격」으로 쓰므로 for이 적절.

06 × → **being** │ 필 잭슨은 자신의 직업을 단순한 농구 감독 이상으로 여겼다.

해설 전치사 as의 목적어 자리이므로 동명사 being이 적절.

07 ○ │ 경험에 대해 생각하는 것은 그 경험을 기억으로 바꿀 수 있다.

해설 문장상 앞의 experiences를 가리키고 동사 turn 다음에 오는 목적어 자리이므로 복수형 목적격 대명사 them은 적절.

08 × → **thicker** │ 더운 날, 지표 위 높은 곳에 있는 대기층은 지표 근처의 뜨거운 대기층보다 더 차갑고 두껍다.

해설 문맥상 비교급 cooler와 and로 연결된 병렬구조이므로 비교급 thicker가 적절.

09 ① │ 필 잭슨은 선수들을 운동선수로뿐만 아니라 완전한 인격체로 보았다.

해설 문맥상 '~ 뿐만 아니라'라는 의미의 as well as 형태가 적절.

10 ③ │ 지금 기후 변화를 막는 운동에 참가하여 당신의 힘을 보여주세요.

해설 문맥상 형용사 strong 앞에 쓰여 정도를 나타내는 의문사 how가 적절.

READING **PLATFORM**

리딩 플랫폼 1 / Intro   **리딩 플랫폼 2** / 패턴편   **리딩 플랫폼 3** / 테마편

리딩 플랫폼
시리즈

01 독해 집중력을 키워주는 Pre-reading activity(읽기 전 활동)

02 글의 주제 파악 능력을 자연스럽게 길러주는 단계적 요약 문제

03 주제, 요지를 비롯한 수능형, 내신 서술형, 어휘 문제 총망라

04 모든 문장에 대한 직독직해를 실은 자세하고 친절한 해설

05 모르는 어휘 의미 짐작법, 읽기를 도와주는 각종 Tip, 재미난 배경지식

지문MP3·어휘리스트·어휘테스트·어휘출제프로그램 다운로드

www.cedubook.com

쎄듀 교재맵

구분	초 3·4	초 5·6	중등			예비 고1	고등			
	Lv. 1	Lv. 2	Lv. 3	Lv. 4	Lv. 5	Lv. 6	Lv. 7	Lv. 8	Lv. 9	Lv. 10
종합 (문법·어법·구문·독해·어휘)							쎄듀 종합영어			
구문	초등코치 천일문 Sentence 1, 2, 3, 4, 5			천일문 입문		천일문 기본 / 천일문 기본 문제집		천일문 핵심		천일문 완성
구문·독해							구문현답			
구문·어법						PLAN A 〈구문·어법〉				
구문·문법				천일문 기초1	천일문 기초2					
어휘	초등코치 천일문 Voca & Story 1, 2		어휘끝 중학 START	어휘끝 중학 필수	어휘끝 중학 MASTER	어휘끝 고교기본			어휘끝 수능	
						첫단추 VOCA				
					PLAN A 〈어휘〉					
							EBS연계 수.고.들. 단어장			
문법	초등코치 천일문 Grammar 1, 2, 3		Grammar Q 1A / 1B	Grammar Q 2A / 2B	Grammar Q 3A / 3B					
				1센치 영문법		문법의 골든룰 101				
문법(내신)			Grammar Line LOCAL 1	Grammar Line LOCAL 2	Grammar Line LOCAL 3					
문법·어법			첫단추 BASIC 문법·어법편 1, 2			첫단추 모의고사 문법·어법편				
어법							어법끝 START 2.0 / 어법끝 START 실력다지기		어법끝 5.0	
어법·어휘							파워업 어법·어휘 모의고사			
작문			중학영어 쓰작 1	중학영어 쓰작 2	중학영어 쓰작 3					
독해		리딩 플랫폼 1, 2, 3								
			Reading 16 LEVEL 1	Reading 16 LEVEL 2	Reading 16 LEVEL 3	PLAN A 〈독해〉				
				첫단추 BASIC 독해편 1, 2		첫단추 모의고사 독해유형편		유형즉답		
								리딩 플레이어 개념	리딩 플레이어 적용	
							빈칸백서 기본편		빈칸백서	
									오답백서	
							쎈쓰업 독해 모의고사		파워업 독해 모의고사	
									EBS비연계 수능실감 SEMI FINAL	
										EBS연계 수능실감 FINAL
듣기			쎄듀 빠르게 중학영어듣기 모의고사 1	쎄듀 빠르게 중학영어듣기 모의고사 2	쎄듀 빠르게 중학영어듣기 모의고사 3	첫단추 모의고사 듣기유형편		쎈쓰업 듣기 모의고사		파워업 듣기 모의고사
봉투 모의										EBS연계 수능실감 봉투

* 교재 선택 시 권장 학년과 레벨을 참고하세요. / 예비 고1부터는 난도와 학년별 성취도를 반영하여 교재 레벨을 세분화하였습니다.